Crashkurs ETFs

Das Einsteigerwerk für ETF-Anleger – und alle, die langfristig und günstig Vermögen aufbauen wollen

Gestaltung und Satz: Jürgen Hetz, denksportler Grafikmanufaktur
Lektorat: Eva Herrmann
Druck: Freiburger Graphische Betriebe GmbH & Co. KG

Markus Jordan – Crashkurs ETFs
ISBN 978-3-941493-72-8

Band 7 der Serie „Crashkurs"

Bibliografische Information der Deutschen Nationalbibliothek:
Die Deutsche Nationalbibliothek verzeichnet diese Publikation in der
Deutschen Nationalbibliografie; detaillierte bibliografische Daten
sind im Internet über <http://dnb.d-nb.de> abrufbar.

BÖRSEN MEDIEN
AKTIENGESELLSCHAFT

Postfach 1449 • 95305 Kulmbach
Tel: 09221-9051-0 • Fax: 09221-9051-4444
E-Mail: buecher@boersenmedien.de
www.boersenbuchverlag.de

Inhalt

Inhalt

Vorwort

Liebe Leserin, lieber Leser,

der Begriff ETF (Exchange Traded Fund) und was es damit auf sich hat, ist für viele Anleger und Investoren immer noch ein böhmisches Dorf oder ein Buch mit sieben Siegeln. Daher habe ich mich entschlossen, dieses spannende Thema und die mit diesem Finanzinstrument verbundenen großen Einsatzmöglichkeiten einer Vielzahl von Lesern auf einfache und verständliche Weise näherzubringen.

Der Einsatz von ETFs hat in den letzten Jahren immer mehr an Bedeutung zugenommen, nicht nur im Anlagebereich, sondern auch zur Absicherung bestehender Portfolios, und sogar Sparpläne lassen sich damit gestalten. Das wachsende Interesse der Anleger an ETFs hat natürlich auch die Emittenten auf den Plan gerufen. Sie wollen ebenfalls von diesem lukrativen Markt profitieren. Kurzum: ETFs erleben derzeit einen Boom und für private Investoren bieten sich in diesem Bereich hervorragende Renditechancen, wenn man weiß, was beim Handel und bei der Anlage zu beachten ist.

Genau dieses Ziel verfolge ich mit meinem Buch. Es soll auch Einsteiger in die Materie mit dem notwendigen Rüstzeug versorgen, damit sie mit ETFs auf eine finanziell erfolgreiche Schiene gelangen. Dazu gehört zunächst einmal das Grundlagenwissen rund um die ETFs: Was sind ETFs überhaupt? Wie grenzen sie sich von anderen Instrumenten ab und wie lassen sie sich in einer bestehenden Anlagestrategie einsetzen?

Sobald ich Sie in die Basis eingeführt habe, zeige ich Ihnen anhand zahlreicher Beispiele aus der Praxis, wie groß das Einsatzspektrum der ETFs tatsächlich ist, welche Anlagemöglichkeiten Sie haben und welche Portfoliokonzepte Sie damit fahren können. Zudem möchte ich die

Emittenten genau beleuchten und die aktuell wichtigsten Arten von ETFs vorstellen, denn wie bei jeder anderen Form der Kapitalanlage sind natürlich auch hier Verlustrisiken möglich. Dies soll ein Ratgeber sein, der es Ihnen ermöglicht, die verschiedenen Arten von ETFs zu verstehen, Ihre Anlagestrategie um eine weitere Option zu ergänzen und erfolgreich zu investieren.

Am Ende des Buches finden Sie eine Zusammenfassung der wichtigsten Eckpunkte rund um das Thema ETF sowie ein umfangreiches Glossar, in dem alle elementaren Begriffe erklärt werden. Und zum Schluss gebe ich Ihnen noch meine „Zehn goldenen Regeln der ETF-Anlage" an die Hand. Diese sorgen dafür, dass Sie mögliche Stolpersteine erkennen, die auf dem Weg der erfolgreichen Anlage in ETFs liegen.

Lassen Sie uns nun gemeinsam eintauchen in das spannende Thema ETF. Ich wünsche Ihnen viel Spaß beim Lesen und erfolgreiche Börsengeschäfte.

Ihr
Markus Jordan

ANZEIGE

Sie glauben nicht,
dass Sie mit ETFs
besser abschneiden
können?
Ihre Konkurrenz
schon.
iShares®
Keep evolving
Die Investmentlandschaft entwickelt sich weiter und ETFs gewinnen als Anlageinstrument zunehmend an Bedeutung. Das zeigt eine aktuelle Umfrage: Neun von zehn befragten ETF-Anlegern wollen in den kommenden sechs Monaten ihr Engagement beibehalten oder sogar ausbauen.* Mit 170 ETFs bietet Ihnen iShares die passgenaue Lösung für Ihre Anlagestrategie. Wenn Sie Ihre Konkurrenz schlagen wollen, sollten Sie sich eine Scheibe abschneiden.
Informieren Sie sich direkt beim ETF-Marktführer.
Besuchen Sie www.iShares.de
oder rufen Sie uns an: 089 42729–5858
BLACKROCK

Kapitel 1

Grundlagen

Einleitung

Dies ist ein Buch über ETFs und die vielfältigen Einsatzmöglichen dieser Produktklasse. Daher will ich zu Beginn erst einmal erläutern, was ETFs überhaupt sind, wann sie entwickelt wurden und wo genau die Vorteile dieser Anlageform liegen. Zudem werde ich auf die möglichen Risiken eingehen und die Frage beleuchten, warum indexorientiertes Investieren sinnvoll ist.

Was ist ein ETF?

ETF steht für „Exchange Traded Fund". Dies sind Indexfonds, die immer einen zugrunde liegenden Index 1:1 abbilden und in ihrer Zusammensetzung an die Gewichtung eines Index gekoppelt sind. Wenn daher ein Index in seiner Wertentwicklung steigt, steigt auch der Wert des ETF. Wenn der Index fällt, fällt der ETF ebenso. ETFs gibt es mittlerweile für fast alle Anlageklassen, wie Aktien, Anleihen, Rohstoffe, Währungen, Hedgefonds und den Geldmarkt. ETFs werden rein passiv gemanagt, das heißt, ein Fondsmanager greift nicht in die Zusammensetzung des Portfolios ein.

Arten von ETFs im Überblick

Aktien-ETF	**Renten-ETF**
Rohstoff-ETF	**Geldmarkt-ETF**
Strategie-ETF	**Derivate-ETF**
Short-ETF	**Branchen-ETF**

Historie der ETFs

Anfang der 70er-Jahre wurde in den USA die Idee geboren, Fonds an der Börse zu notieren und Indizes nachzubilden. 1993 brachte die US-Investmentfirma State Street Global Advisors ihren ersten Fonds an die Börse mit dem Namen Standard & Poor's Depositary Receipt (Abkürzung SPDR, umgangssprachlich Spider genannt). Dieser Fonds hat heute ein Volumen von 50 Milliarden US-Dollar. Ihm folgten der auf dem Dow Jones Industrial Average basierende Diamonds und die auf dem NASDAQ 100 basierenden Cubes (QQQ). Spider gilt als der eigentliche Geburtshelfer der Indexfonds und animierte in der Folge andere Gesellschaften ihrerseits Fonds zu emittieren. Auch in der Alten Welt begannen Emittenten auf den fahrenden Zug aufzuspringen.

ETF-Historie – die wichtigsten Eckdaten im Überblick	
1989	**In Kanada starten Toronto Participation Shares (TIPS).**
1990	**Der Zulassungsprozess für ETFs wird in Gang gesetzt.**
1993	**Der erste ETF wird gelistet, SPDRs auf den S&P 500.**
1996	**WEBS und Country Baskets sind die ersten Länderkörbe.**
2000	**Start des XTF-Segments mit EURO STOXX 50 und STOXX Europe**
2001	**Erster ETF auf den DAX-Index im XTF-Segment gelistet**
2003	**Erste europäische Renten-ETFs**
2005	**ETFs für Märkte wie Osteuropa und Dividendenstrategien**
2007	**Start der ersten ETCs in Europa**
2010	**ETF-Volumen steigt auf 160 Mrd. Euro**

So markierte die Einführung der ETFs in Europa vor rund zehn Jahren den Beginn einer nahezu einmaligen Erfolgsstory. Das Fondsvermögen kletterte rapide auf über 160 Milliarden Euro. Und inzwischen hat sich das Handelsvolumen auf Xetra, mit einem Marktanteil von 41 Prozent die derzeit größte europäische Handelsplattform, mit aktuell circa elf Milliarden Euro fast verfünfzigfacht. Derzeit stehen auf Xetra weit über 750 ETFs von 15 Emittenten zur Verfügung – europaweit sind es schon über 1.000 ETFs. Damit wurden sogar die USA überholt.

Die Perspektiven der ETFs sehen glänzend aus, denn sie haben sich zu einer der beliebtesten Anlageformen gemausert. Experten erwarten angesichts der dynamischen Entwicklung einen Vermögenszuwachs von 35 Prozent auf diesem Sektor.

Vorteile der ETFs

Diversifikation

Einer der großen Vorteile der ETFs ist die Diversifikation. Sie ist das Kernziel der modernen Portfolioverwaltung. Unter Diversifikation versteht man die Verteilung von Risiken auf mehrere Risikoträger, die eine möglichst geringe Korrelation zueinander aufweisen. In einem Portfolio wird daher das Vermögen auf unterschiedliche Investments verteilt. Mit ETFs können Sie hervorragend diversifizieren, denn mit einer einzigen Transaktion können Sie auf einfachste Art und Weise einen bestimmten Markt und somit ein diversifiziertes Portfolio erwerben.

Sicherheit

Ein weiterer Vorteil ist die „Sicherheit" der ETFs. Rechtlich betrachtet sind Exchange Traded Funds Investmentfonds, sprich Sondervermögen, und genießen daher einen gesetzlich verankerten Anlegerschutz. Das bedeutet, dass das Geld der Anleger im eventuellen Insolvenzfall der Fondsgesellschaft oder der Depotbank geschützt ist, da das Fondsvermögen nicht in die Konkursmasse eingeht.

Transparenz

Zudem zeichnet sich die Produktklasse der Exchange Traded Funds durch ein Höchstmaß an Transparenz aus. Der aktienähnliche Charakter der ETFs zeigt sich hinsichtlich der Transparenz vor allem in den relevanten Handelsinformationen, das heißt, es gibt verbindliche Geld-/Briefkurse, Handelsvolumen und Spreads. Alle Kriterien können vom Investor kostenlos auf den Webseiten der jeweiligen Emittenten, auf unabhängigen Finanzportalen oder direkt bei den Börsen abgerufen werden. Zudem wird die Zusammensetzung des zugrunde liegenden Index ebenfalls transparent veröffentlicht. Anleger können so jederzeit genau nachvollziehen, welche Wertpapiere sich im Index befinden.

Fortlaufender Handel

Ein großer Vorteil der Exchange Traded Funds liegt auch in der durchgängigen Handelbarkeit der Produkte. Anders als bei traditionellen Anlagefonds, deren Anteile nur einmal täglich berechnet und von Banken/Fondsgesellschaften ausgegeben beziehungsweise zurückgenommen werden müssen, können ETFs in Echtzeit über die Börse gehandelt werden. Innerhalb von Sekunden kann die eigene Marktmeinung gekauft und auf wichtige Marktveränderungen reagiert werden. Es besteht weder eine Mindestgröße bei Transaktionen noch sind die Stückzahlen minimiert, die gehandelt werden müssen. Für die Gewährleistung einer hohen Preisstellungsqualität und eine ausreichende

Liquidität zeichnen verpflichtete Market Maker verantwortlich. Diese stellen über die Börse verbindliche Geld- und Briefkurse, zu denen Investoren ETFs verkaufen oder kaufen können.

Niedrige Gebühren

Im Vergleich zu traditionellen, aktiv gemanagten Fonds stechen ETFs in puncto Gebühren und Kostenstruktur deutlich positiv hervor. So gibt es für den ETF-Investor keine Ausgabeaufschläge oder Rückgabegebühren. Anleger zahlen nur die Preise für die Ausführung einer Börsenorder, die ihnen die eigene Bank in Rechnung stellt. Zudem sind die Managementgebühren aufgrund des passiven Investmentansatzes bei ETFs deutlich niedriger als bei aktiven Fonds. Sie bewegen sich bei ETFs auf entwickelte Märkte zwischen 0,08 Prozent und 0,4 Prozent pro Jahr. ETFs auf schwerer zugängliche Anlageregionen, wie zum Beispiel Emerging Markets, haben in der Regel eine leicht höhere Managementgebühr. Die Höhe dieser Gebühren ist zunehmend auch eine Frage des Wettbewerbs unter den verschiedenen ETF-Anbietern. ETFs auf sehr populäre und bekannte Indizes, wie zum Beispiel den EURO STOXX 50, werden darum sehr günstig angeboten, wohingegen Nischenmärkte mit höheren Gebühren zu Buche schlagen.

Bei aktiv gemanagten Fonds bewegen sich alleine die Managementgebühren zwischen 1,0 und 2,5 Prozent, je nach Anlageklasse, Anbieter und Region. Zusätzlich kann es zu Ausgabe- und Rücknahmegebühren von bis zu 5 Prozent kommen. Die höheren Gebühren lassen sich teilweise erklären durch größere Researchaufwendungen, höhere Transaktionskosten und durch den Aufwand, der für den Vertrieb der Fonds entsteht. Vor allem die niedrigen Gebühren der ETFs ermöglichen beim langfristigen Vermögensaufbau signifikante Kostenvorteile, die sich in barer Münze auszahlen.

Hohe Liquidität

„Liquid" in dem hier verwendeten Zusammenhang beschreibt die Eigenschaft eines Markts, in dem Wertpapiere jederzeit problemlos ge- und verkauft werden können. Aus der Sicht des Risikomanagements ist eine fortlaufende Handelbarkeit etwas Grundlegendes, um in jeder Marktsituation effizient agieren zu können. Im ETF-Markt ist dies gewährleistet. Neben den Aktivitäten einzelner Handelsteilnehmer im Sekundärmarkt stellen von der Börse verpflichtete Banken oder Broker (Market Maker) fortlaufend verbindliche An- und Verkaufskurse für ETFs.

Volle Dividendenausschüttungen

Anleger, die in Aktien-ETFs investieren, profitieren von sämtlichen Dividendenausschüttungen des im Fonds befindlichen Aktienkorbs. Dabei gibt es zwei mögliche Szenarien: Bei Preis-/Kursindizes wird die Dividende meist quartalsweise an den Investor ausbezahlt, bei Performanceindizes wird die Dividende direkt in den Index reinvestiert. Natürlich werden auch bei allen anderen ETFs, wie zum Beispiel Renten-ETFs, die erwirtschafteten Erträge voll an den Inhaber weitergegeben. Zudem besteht die Möglichkeit, dass die ETF-Anbieter durch Wertpapierleihe zusätzliche Erträge generieren. Diese werden dann ebenfalls auf die Anleger übertragen.

Risiken der ETFs

An dieser Stelle sei auch auf die möglichen Risiken der Anlage in ETFs hingewiesen: Jede Geldanlage bietet Chancen und birgt Risiken. Ein Investor muss daher vor jeder Anlageentscheidung das ausgewählte Investmentprodukt verstehen, also neben dem Wissen über dessen Chancen und Funktionsweise auch dessen Risiken kennen.

Exchange Traded Funds sind relativ einfache Produkte, die schnell zu verstehen und transparent sind. Es gibt dennoch einige Dinge, die im Rahmen einer Risikoaufklärung für Investoren von Bedeutung sind und im weiteren Verlauf dieses Abschnitts eingehend erklärt werden.

Marktrisiko

Die Dynamik eines Finanzmarktplatzes spiegelt sich vor allem an der Börse wider, wo Nachfrage und Angebot aufeinandertreffen. Der Wert eines Papiers kann fallen oder steigen, folglich auch der Wert von Indizes. Da ETFs immer die Performance eines Index 1:1 abbilden, können sich auch diese Produkte den Gesetzen des Markts nicht entziehen. Es kann also sein, dass Investoren wegen der einem ETF zugrunde liegenden Wertpapiere in schwachen Marktphasen Verluste erleiden.

Volkswirtschaftlich gesehen sind vor allem politische und wirtschaftliche Änderungen, die einen Konjunktureinfluss ausüben, für die Kursentwicklung von Wertpapieren verantwortlich.

So können sich beispielsweise Änderungen im Steuerrecht und in der Gesetzgebung, Regierungswechsel, Regulierungsänderungen, aber auch Naturkatastrophen auf den Kurs von Wertpapieren auswirken. Grundsätzlich korrelieren ETFs sehr stark mit geänderten Rahmenbedingungen. Fallen diese zum Nachteil der Basiswerte eines ETF aus, so sinkt auch der Wert des ETF.

Begünstigen die Rahmenbedingungen die Basiswerte, so steigt der Wert eines ETF. Deshalb ist das Thema Portfoliodiversifikation im

Zusammenhang mit der Anlage in ETFs so wichtig. Doch mehr dazu später.

Währungsrisiko

ETFs haben zwei unterschiedliche Währungsparameter: erstens die Fondswährung und zweitens die Handelswährung. Die Fondswährung ist diejenige, in der der Fonds investiert und zu der die Wertpapiere im Fonds bewertet werden. Auf der anderen Seite steht die Handelswährung. Sie legt fest, in welcher Währung der ETF gehandelt wird. Die Handelswährung kann von der Fondswährung abweichen. Ist die Handelswährung gleich der Fondswährung, besteht kein Währungsrisiko auf Fondsebene.

Gibt es Unterschiede, so kann der ETF je nach Devisenkursentwicklung von dem Währungsunterschied profitieren oder durch ihn verlieren. Bei ETFs, deren Basiswerte in unterschiedlichen Währungen investieren, existiert zudem ein titelspezifisches Währungsrisiko. Als Beispiel sei hierfür der MSCI World Index genannt, der je nach aktueller Gewichtung in Aktien aus mehr als zehn verschiedenen Währungsräumen weltweit investiert.

Benchmarkwechsel

Ein theoretischer Fall, der in der Praxis jedoch selten auftritt, ist die Änderung der Benchmarks eines ETF. Der Emittent hat das Recht – unter Einhaltung einer gewissen Ankündigungsfrist – den Basiswert eines ETF zu wechseln. Neben dem Risiko, nicht mehr in der ursprünglich ausgewählten Marktabdeckung investiert zu sein, kann ein Benchmarkwechsel auch Vorteile für den Investor haben, wie beispielsweise ein besseres Risiko-/Renditeprofil.

Auflösung eines ETF

ETFs sind Investmentprodukte ohne Laufzeitbeschränkung. Hat jedoch ein ETF aus Sicht des Emittenten ein zu niedriges Kosten-/Ertragsverhältnis, zum Beispiel aufgrund eines zu kleinen Fondsvermögens, und ist die Aufrechterhaltung des Fonds unwirtschaftlich, kann der Emittent eine Schließung des ETF veranlassen. In einem solchen Fall verliert der Investor keinesfalls das eingesetzte Kapital. In der Regel kauft der Emittent dem Investor die von ihm gehaltenen ETF-Anteile zum Nettoinventarwert zurück. Alternativ kann es auch zu einer Umschichtung in einen anderen ETF kommen (Zusammenlegung von ETFs). Im ungünstigsten Fall muss der Investor einen Verlust realisieren, der bis dahin nur als Buchverlust im Depot vorhanden war und die Chance auf eine Erholung bot. Dies ist der einzige, selten eintretende Fall, in dem der Investor einem Wiederanlagerisiko ausgesetzt ist.

Abweichungsfehler (Tracking Error)

Exchange Traded Funds haben das Ziel, einen Index exakt abzubilden. Aufgrund der Managementgebühren und diverser anderer Punkte kann es aber sein, dass es zu einer Differenz zwischen der Entwicklung des Fonds und der des Index kommt. Diese Differenz wird im Fachjargon „Tracking Error" beziehungsweise Abweichungsfehler genannt. Sie drückt die annualisierte Standardabweichung der Differenzrendite eines ETF von seiner Benchmark aus. Anhand dieser Kennzahl kann die Qualität verschiedener ETFs miteinander verglichen werden. Zu beachten ist dabei allerdings, dass der Tracking Error immer eine Vergangenheitsbetrachtung darstellt. Grundsätzlich gilt jedoch, dass Tracking Errors nicht zwingend negativ sind. Es kann auch zu positiven Abweichungen kommen, dann nämlich, wenn sich der ETF besser als der Index entwickelt. Für dieses Verhalten sind außerordentliche Erträge verantwortlich. Ein ETF kann zum Beispiel durch das Verleihen der Aktienbestände Zusatzerträge aus Wertpapierleihe generieren. Diese werden dann dem Sondervermögen gutgeschrieben.

Zum Schluss: Warum überhaupt indexorientiert investieren?

Nachdem Sie jetzt wissen, was ein ETF ist, welche Historie dieser Produktklasse zugrunde liegt und welche Chancen und Risiken mit ETFs verbunden sind, stellt sich die grundsätzliche Frage, warum indexorientiertes Investieren in ETFs sinnvoll ist. Dies ist es deshalb, weil ETFs optimal als Bausteine für eine passive diversifizierte Asset-Allokation eingesetzt werden können. Mit ETFs können zu relativ geringen Gebühren ganze Marktsegmente abgebildet werden, das heißt, sie repräsentieren im Rahmen einer passiven Managementstrategie die Kursentwicklung aller Wertpapiere eines bestimmten Markts und versuchen nicht, wie aktiv verwaltete Fonds, eine Outperformance im Vergleich zum Marktindex zu erzielen. Die Kombination aus passivem diversifiziertem Anlegen und günstigen Gebühren erhöht signifikant die Chance, langfristig erfolgreich zu investieren.

Kapitel 2

So funktionieren ETFs

Die Grundlage, auf der jeder ETF aufbaut, ist ein Index. Daher definiere ich hier zuerst, was ein Index ist, welche verschiedenen Indizes es gibt und wie der Prozess der Indexnachbildung im Einzelnen funktioniert. Im Anschluss erkläre ich die Unterschiede von ETFs zu „normalen“ Investmentfonds, Zertifikaten und ETCs.

Was ist ein Index?

Ein Index ist eine statistische Kennzahl, die einen Korb von Finanzinstrumenten wiedergibt. Die meisten Indizes sind Aktienindizes. In der Regel handelt es sich dabei um ausgewählte Aktien eines Landes, einer Region oder auch eines Sektors. Gerade Länder- oder Sektorenindizes werden häufig als Wirtschafts-, Markt- oder Stimmungsbarometer interpretiert. Steigt beispielsweise der deutsche Aktienindex DAX, so deutet dies auf eine gute Konjunktur in der deutschen Volkswirtschaft hin. Neben Aktienindizes können Indizes – sowohl in Rein- als auch als Mischform – aus anderen Anlageklassen wie Anleihen, Rohstoffen, Hedgefonds oder auch Devisen bestehen. Investoren können einen Index nie direkt kaufen, sondern müssen immer auf künstliche Produkte wie ETFs oder Indexzertifikate zurückgreifen. Als Anbieter treten neben Börsen auch spezialisierte Indexanbieter oder Banken auf. Die Berechnung eines Index unterliegt einem klar festgelegten Kriterienkatalog. Dieser kann sich jedoch in der Methodik von Index zu Index unterscheiden. Die Zusammensetzung eines Index wird immer veröffentlicht und der Indexstand meist sekündlich berechnet.

Preisgewichteter Index

Bei der preisgewichteten Berechnungsmethode werden die Aktienkurse aller Indexmitglieder aufsummiert und anschließend durch die

Anzahl der sich im Index befindlichen Mitglieder dividiert. Unternehmen mit einem hohen Aktienkurs haben folglich einen relativ großen Einfluss auf den Indexwert, Unternehmen mit einem niedrigen Aktienkurs einen vergleichsweise kleinen. Beispiele für preisgewichtete Indizes sind der Dow Jones Industrial Index oder der japanische Nikkei 225 Index. Hauptkritikpunkte an dieser Berechnungsmethode sind die reine Preisbetrachtung und die Nichtberücksichtigung der tatsächlichen Größe beziehungsweise der Marktkapitalisierung eines Unternehmens.

Folgendes, fiktives Beispiel erläutert dies:

Betrachten wir exemplarisch die Unternehmen Commerzbank und BMW. Die Commerzbank wird am Markt mit rund 6 Euro bewertet, BMW mit circa 50 Euro. Bei einem preisgewichteten Index würde nun der Indexeinfluss von BMW um etwa das 8-Fache höher sein als das Gewicht der Commerzbank. Die Kernfrage lautet jedoch: Ist die Aktie von BMW in der Realität wirklich rund achtmal wertvoller oder gewichtiger als die der Commerzbank? Die Antwort lautet: nein. Denn neben der reinen Preisbetrachtung muss in Sachen Unternehmenswert, und damit auch Gewichtung, der Preis einer Aktie mit den jeweils ausgegebenen Aktien multipliziert werden. Dies geschieht bei Indizes, die nach Marktkapitalisierung gewichtet werden.

Marktkapitalisierungsgewichteter Index

Bei der marktkapitalisierungsgewichteten Berechnungsmethode wird der Indexkurs proportional zur Marktkapitalisierung gewichtet, wobei häufig der Free Float, also die frei am Markt verfügbaren Aktien, als Maßstab herangezogen wird. Der Indexkurs wird durch das entsprechende Multiplizieren der Börsenkurse mit der Anzahl der sich im Streuverkehr befindlichen Aktien des jeweiligen Unternehmens berechnet. Diese Methodik wird bei den meisten Indizes angewendet. Dividendenausschüttungen beeinflussen marktkapitalisierungsgewichtete Indizes etwa in gleicher Weise wie preisgewichtete Indizes. Ein Beispiel für marktkapitalisierungsgewichtete Indizes ist der deutsche Aktienindex DAX.

Führen wir das begonnene Beispiel fort:

Die Anzahl der im freien Kapitalmarkt gehandelten Commerzbank-Aktien beträgt rund 1,2 Milliarden, von BMW befinden sich 655 Millionen Aktien im Umlauf. Beide Unternehmen haben eine Free-Float-Quote von etwa 50 Prozent. Der Unternehmenswert beträgt nun (Preis × Anzahl Free-Float-Aktien) für BMW circa 32 Milliarden Euro und für die Commerzbank ungefähr 7 Milliarden Euro.

Entsprechend dieser Kennzahl lässt sich der marktkapitalisierungsgewichtete Index berechnen. Dabei ergäbe sich für BMW ein rund 4,5-fach höherer Einfluss auf einen Index als für die Commerzbank.

Gleichgewichteter Index

Eine weitere Methodik bei der Indexberechnung ist der gleichgewichtete Ansatz. Alle Aktien eines Index beginnen mit derselben Gewichtung. Mit zunehmender Dauer und Veränderung der Aktienkurse verändert sich die Gewichtung der einzelnen Aktien. Auf der Basis eines klar definierten Kriterienkatalogs gibt es in regelmäßigen Abständen eine Zurücksetzung (Anpassung/Rebalancing) auf das gleichmäßige Ursprungsverhältnis.

Fundamentale Indizes

Weitere Indexberechnungen, die auf fundamentale Kriterien und Kennzahlen zurückgreifen, kommen Stück um Stück hinzu. Bei diesen kann es sich um den Cashflow, das Kurs-Gewinn-Verhältnis, Rentabilitäten, die Dividendenrendite, den Umsatz und den Buchwert handeln. Die fundamentalen Modelle eröffnen neue Investmentlösungen für ETFs.

Dividendenbehandlung bei Kurs- und Performanceindizes

Ein weiteres grundsätzliches Unterscheidungsmerkmal bei Indizes ist die Art der Dividendenbehandlung. Man differenziert zwischen Kursindizes (auch Preisindizes) und Performanceindizes (auch Total-Return-Indizes genannt). Bei Kursindizes werden zur Berechnung des Indexwerts lediglich die reinen Kurse verwendet. Folglich kommt es an den Tagen, an denen eine Aktie des Index ex Dividende gehandelt wird, zu Kursabschlägen. Im Gegensatz dazu berücksichtigt der Performanceindex sämtliche Dividenden, Bezugsrechtserträge oder auch Zinsen. Er gibt sozusagen den Aktienkurs inklusive aller „Erträge" wieder und wird deshalb häufig auch als Total-Return-Index ausgewiesen. Kurz: Performanceindex = Kursindex + Erträge.

Arten der Indexabbildung

Anleger werden sich fragen, wie es überhaupt möglich ist, einen Index so exakt abzubilden. Die Anbieter von Exchange Traded Funds nutzen dafür verschiedene Herangehensweisen. Um herauszufinden, auf welche Art ein Index abgebildet wird, kann man sich auf Webportalen oder den Webseiten der ETF-Anbieter darüber informieren.

Eine Übersicht dazu finden Sie am Ende des Buchs. In den folgenden Abschnitten zeige ich die unterschiedlichen Arten auf.

Vollständige Indexnachbildung (Full Replication)

Beginnen wir mit der am einfachsten zu erklärenden Art der Indexabbildung. Dabei werden sämtliche im Index enthaltenen Basiswerte (z.B. Aktien) gekauft und in den ETF integriert, weshalb diese Methode auch Full-Replication-Methode genannt wird. Ein Full-Replication-ETF auf den DAX enthält beispielsweise die 30 Aktien, die im Index enthalten sind. Ein Index auf den EURO STOXX 50 enthält zum Beispiel 50 Aktien. Indexfonds, die diese Technik der Indexabbildung verwenden, gelten als besonders transparent, da jederzeit genau nachvollzogen werden kann, welche Werte sich in Wirklichkeit im Portfolio befinden. Dabei gibt es aber auch einige Probleme. Da der Index mathematisch ermittelt wird, wird die Indexzusammensetzung auf mehrere Nachkommastellen berechnet. Bei der Zusammensetzung des Portfolios ist es so fast unmöglich, immer exakt die Indexgewichtung zu halten. Zusätzlich fallen von Zeit zu Zeit auch Dividenden oder sonstige Erträge im Portfolio an, die dann zunächst als Barkomponenten im Indexfonds behalten werden. Auch steuerliche Einflüsse können die Entwicklung des Portfolios im Gegensatz zur Indexentwicklung beeinflussen. Ein weiterer Punkt sind die Transaktionskosten, die im Falle einer Indexumstellung im Portfolio anfallen. Das Portfoliomanagement muss dann eine Aktie aus dem Portfolio verkaufen und durch das neue Indexmitglied ersetzen. Die dabei anfallenden Kosten werden dem Fondsvermögen belastet. ETF-Anbieter, die auf die Full-Replication-Methode zurückgreifen, sind beispielsweise iShares, ETFlab, Credit Suisse und die UBS.

Sampling-Methoden

Manche Indizes, wie der bekannte MSCI World Index, setzen sich aus über 1.800 Aktien zusammen. Da ist es natürlich nicht sinnvoll, wirklich alle 1.800 Aktien in das Portfolio aufzunehmen, denn die 1.800ste Aktie hat nur noch einen sehr geringen beziehungsweise gar keinen Einfluss mehr auf die Entwicklung des Index.

Zudem sind der Aufwand für die Pflege dieser Aktien im Rahmen von Kapitalmaßnahmen und Dividendenzahlungen und die Transaktionskosten beim Kauf der Aktien einfach zu hoch. Aus diesem Grund greifen die Portfoliomanager auf Sampling-Methoden zurück. Im Gegensatz zur Full-Replication-Methode wird also bei den Sampling-Methoden nur eine Teilmenge aller Indexkomponenten gekauft.

Dies geht zwar zulasten des Tracking Errors, aber die Komplexität der Indexabbildung für den Anbieter wird reduziert. Das führt dann in der Regel zu geringeren Managementgebühren und kommt so dem Investor zugute. Unterschieden wird dabei zwischen zwei Sampling-Methoden.

Representative-Sample-Methode

Hier werden die am höchsten gewichteten und liquidesten Aktien im Index gekauft, leichtgewichtige und illiquide Titel werden vernachlässigt.

Aktien mit hoher Gewichtung sind ausschlaggebend für die Abbildung der Indexentwicklung. Eine Aktie mit nur einer geringen Gewichtung hat selbst bei einer Kursverdopplung keinen nennenswerten Einfluss auf die Indexentwicklung. Welche Titel dann final ausgewählt werden, ist abhängig vom Portfoliomanager. Neben der Gewichtung und der Liquidität spielen häufig auch die Branche und die Bedeutung der Länder eine Rolle.

Optimized-Sample-Methode

Diese Methode ist der Representative-Sampling-Methode ähnlich. Hier wird ebenfalls ein Aktienkorb ausgewählt. Die Auswahl erfolgt aber nicht „per Hand“, sondern es wird dazu ein ausgefeiltes technisches Analysesystem herangezogen. Ziel ist es, einen Korb zu ermitteln, der möglichst exakt den entsprechenden Index abbildet (geringer Tracking Error). Wie auch beim Representative-Sampling-Ansatz werden die am leichtest gewichteten und illiquiden Werte vernachlässigt, um das Selektionsverfahren effizient und die Portfoliozusammensetzung gebührenarm zu halten. Eine allgemeingültige Faustregel, wie das Sampling abzulaufen hat, gibt es nicht. Jeder Anbieter greift auf unterschiedliche Systeme und Methoden zurück.

Synthetische Indexnachbildung (SWAP-ETFs)

Neben der Full-Replication-Methode ist die Indexabbildung mittels eines Swaps am verbreitesten. Sie wird auch synthetische Indexabbildung genannt. Dabei trifft das Portfoliomanagement mit einer Investmentbank eine Vereinbarung, den sogenannten Swap. Swap-ETFs weisen einen sehr exakten Tracking Error auf. Deshalb sind sie bei vielen Anlegern beliebt. Wie sieht diese Indexabbildung nun im Detail aus?

EXKURS: Detaillierte Indexabbildung (SWAP-ETFs)

Der Portfoliomanager des ETF kauft normalerweise einen Aktien- (Aktien-ETFs) oder Anleihenkorb (Renten-ETFs, Geldmarkt-ETFs) und integriert ihn in das Sondervermögen. Zusätzlich zu den im

Sondervermögen enthaltenen Wertpapieren schließt er einen Indexswap mit einer Investmentbank ab. Dabei vereinbaren die Parteien (Fonds und Investmentbank) einen Austausch der zukünftigen Zahlungsströme (Wertentwicklungen). Die im Sondervermögen verwendeten Wertpapiere müssen nicht zwangsläufig mit den Indexbestandteilen des zugrunde liegenden Index übereinstimmen. Die Zusammensetzung erfolgt meist so, dass keine steuerpflichtigen Erträge im Sondervermögen anfallen und dass das Fondsvermögen den gesetzlichen Vorgaben zur Risikodiversifikation entspricht. Zudem werden Punkte wie die Liquidität der Aktien und die Transaktionskosten berücksichtigt. Die Zusammensetzung des Sondervermögens wird in der Regel täglich auf den Webseiten der ETF-Anbieter veröffentlicht. Auf alle Fälle kann man sie aber den halbjährlichen Rechenschaftsberichten der Investmentfonds entnehmen.

Die Performance dieses Aktienkorbs entwickelt sich dabei zwangsläufig unterschiedlich zum definierten Index. Ein ETF auf den US-Aktienmarkt wird sich anders entwickeln als die bei europäischen Swap-ETFs üblicherweise verwendeten europäischen Standardwerte.

Der Indexswap übernimmt nun die Ausgleichsfunktion zwischen der Entwicklung des Index im Vergleich zur Entwicklung des Sondervermögens. Steigt zum Beispiel der Aktienindex um fünf Prozent, die Werte im Sondervermögen aber nur um zwei Prozent, beträgt der Wert des Swaps drei Prozent. Die Investmentbank ist also verpflichtet, drei Prozent Indexperformance in das Sondervermögen zu liefern.

Der Gesetzgeber erlaubt ausdrücklich die Nutzung von Indexswaps, begrenzt diese aber auf einen Anteil von maximal zehn Prozent im Portfolio. Würde die Differenz zwischen Indexentwicklung und Fondsentwicklung auf über zehn Prozent steigen, müssten der Indexswap zurückgesetzt und der effektive Geldbetrag in Form von Aktien oder Bargeld in das Sondervermögen geliefert werden. Mit dieser Regelung möchte der Gesetzgeber sicherstellen, dass die Ausfallrisiken in einem Sondervermögen unter Kontrolle bleiben. Vollständigkeitshalber will ich darauf hinweisen, dass es natürlich auch den anderen Fall geben kann, dass der Fonds der Investmentbank einen Betrag schuldet.

Wichtige und bekannte Anbieter, die auf die Swapmethode zurückgreifen, sind die Deutsche Bank und die Commerzbank und Lyxor, Amundi und Source. Sie nutzen ihre Investmentbanking-Kompetenz und stehen aufgrund unterschiedlichster Handelsaktivitäten als optimale Swappartner im Hintergrund zur Verfügung. Swap-ETFs weisen einen sehr niedrigen Tracking Error auf. Die gesamten Handelskosten fallen bei den Swappartnern an. Zwischen dem Sondervermögen (Fonds) und der Investmentbank finden lediglich Zahlungsströme statt. Dies sorgt für sehr geringe Kosten auf Fondsebene und einen niedrigen Tracking Error.

Folgendes Beispiel zeigt, wie swapbasierte ETFs funktionieren:

	Index	Aktienkorb	Wert des Swaps	NAV	Kontrahenten-risiko	Kontrahenten-risiko
	in EUR	in EUR	in EUR	in EUR	in EUR	in %
Tag 1	100,00	100,00	0,00	100,00	0,00	0,00
Tag 2	104,00	102,00	2,00	102,00	2,00	1,92

- Referenzaktivum: Aktienindex
- Sicherungsgeber (Risikonehmer) = ETF-Fondsgesellschaft

- Sicherungsnehmer (Risikogeber) = Investmentbank
- Basiswert: 100 Euro
- Die Managementgebühr wird aus Vereinfachungsgründen negiert.

Die ETF-Fondsgesellschaft investiert das Fondsvermögen in Höhe von 100 Euro vollständig in einen rendite/risikooptimierten Aktienkorb. Der Nettoinventarwert des ETF ist zu diesem Zeitpunkt 100 Euro, der Wert des Swaps 0 Euro. Am ersten Haltetag steigt der Basiswertindex um vier Prozent auf 104 Euro. Im selben Zeitraum nimmt der Aktienkorb, in den die ETF-Gesellschaft investiert hat, nur um zwei Prozent zu. Das hat einen Gesamtwert von 102 Euro zur Folge. Der Swap hat nun einen Wert von 2 Euro, nämlich die Differenz zwischen dem Aktienindex und dem ETF-Aktienkorb (104 Euro – 102 Euro). Der am Abend durch die Fondsgesellschaft veröffentlichte Nettoinventarwert (NAV) beträgt 104 Euro als Summe von Fondsvermögen und Swap. Damit ergibt sich die Gleichung: ETF-Aktienkorb + Swap = Wert des Index.

Dem Investor ist hinsichtlich des Werts seiner Anlage also kein Nachteil entstanden. Der prozentuale Anteil des Swaps an dem Fondsvermögen beträgt zu diesem Zeitpunkt rund zwei Prozent. In periodischen Abständen (täglich, wöchentlich, je nach Anbieter) oder aber zwingend, wenn der Swap den maximalen Anteil von zehn Prozent erreicht hat, bezahlt die Investmentbank als Swapkontrahent den Differenzbetrag (inklusive allfälliger Zinsen und anderer Erträge, die in diesem Beispiel negiert werden) an die ETF-Fondsgesellschaft zurück und nivelliert somit den Wert des Swaps. Im Anschluss daran wird ein neuer Swapkontrakt aufgesetzt. Genau umgekehrt verhält es sich bei einer Underperformance des zu „trackenden“ Index. Hier muss der Fonds eine Kompensationszahlung an die Investmentbank tätigen.

Vorteile der Synthetischen Replikation

Der Einsatz von Swaps zur Indexabbildung bietet vor allem zwei Vorteile: Zum einen eröffnen Swap-ETFs die Möglichkeit, in Wertpapiere zu investieren, die für Full-Replication-ETFs nicht zugänglich wären. Dazu zählen vor allem der gesamte Bereich der Rohstoff-ETFs, aber auch illiquide Anlagemärkte wie beispielsweise Vietnam. Auch Geldmarkt-ETFs sind in letzter Zeit sehr populär gewesen. Zum anderen können Anlagen wie Short-ETFs oder ETFs mit eingebauten Derivatestrategien umgesetzt werden. Durch den optimierten Einsatz der Anlagestrategien innerhalb einer Investmentbank haben Swap-ETFs in der Regel günstigere Managementgebühren und weisen zudem einen geringeren Tracking Error auf.

Risiken der Synthetischen Replikation

Der Preis für diese gravierenden Vorteile (geringere Kosten und niedriger Tracking Error) ist das im Vergleich zu Full-Replication-ETFs höhere Kontrahentenrisiko. Bei beiden Arten der Indexabbildung handelt es sich zwar um Sondervermögen, im Falle des Einsatzes von Swaps enthält das Sondervermögen aber zusätzlich den beschriebenen Indexswap. Da dieser mit einer Investmentbank abgeschlossen wird und diese auch dafür verantwortlich ist, dass der Swap-ETF sich an der definierten Indexperformance orientiert, sollte diesem Punkt eine besondere Beachtung geschenkt werden. Der Gesetzgeber regelt im Rahmen der europäischen Investmentrichtlinie UCITS den Einsatz von Swaps im Sondervermögen. Ein Fonds darf maximal bis zu zehn Prozent des Sondervermögens in derivate Finanzinstrumente, zu denen auch Swaps gehören, investieren. Anleger tragen also ein maximales Kontrahentenrisiko von zehn Prozent. In der Praxis bewegt sich diese

Auslastung in Bereichen von zwei bis fünf Prozent. Zudem gibt es inzwischen einige ETF-Anbieter, die außerhalb des Sondervermögens zusätzliche Sicherheiten in Form von Staatsanleihen zur Verfügung stellen. Die Höhe dieser Sicherheiten übersteigt je nach Anbieter deutlich die des Swapanteils. Man spricht hier von besicherten Swap-ETFs. Einige stellen auch den Swap auf Tagesbasis auf null (zurücksetzen). Mit diesen Maßnahmen reagierten die Anbieter auf die im Frühjahr im Zuge der Lehman-Brothers-Pleite aufgetretene Sensibilität gegenüber Kreditrisiken. Außerdem wird Transparenz aufseiten der ETF-Anbieter groß geschrieben. In der Regel dokumentieren sie täglich auf ihren Webseiten die Swapauslastung.

EXKURS: UCITS-Richtlinien

Die UCITS-Richtlinien (Undertakings for Collective Investments in Transferable Securities) der Europäischen Union definieren Zulassungs- und Rahmenbedingungen für Fonds und Fondsgesellschaften. Die im Jahre 2006 in Kraft getretenen UCITS-III-Richtlinien stellen den neuesten einheitlichen Mindeststandard der EU-Länder hinsichtlich des Anlegerschutzes und des grenzüberschreitenden Angebots dar. Erweitertes Portfoliomanagement ermöglicht es den Fondsmanagern UCITS-III-konformer Fonds, mit größerer Flexibilität zu agieren. So erlaubt diese Richtlinie auch das Verwenden derivativer Finanzinstrumente mit einem Anteil von bis zu einem Zehntel des Fondsvermögens.

Unterschiede zwischen ETFs und Zertifikaten und Investmentfonds

ETFs werden an der Börse gehandelt, während bei klassischen Investmentfonds in der Regel die Preise der Anteile von der Fondsgesellschaft selbst in regelmäßigen Abständen festgelegt werden. Dadurch sind klassische Investmentfonds nicht so transparent wie ETFs, denn man muss darauf vertrauen, dass der Emittent die Anteilspreise „richtig" bewertet. Zudem zahlt der Kunde bei den klassischen Investmentfonds einen Ausgabeaufschlag von mehreren Prozent (meist zwischen zwei und fünf Prozent) und hohe jährliche Verwaltungsgebühren (zwischen ein und zwei Prozent). Beim Kauf von ETFs führt man nur die für den Börsenhandel geltenden Kauf- und Verkaufsprovisionen ab, die bei Direktbanken meist nur wenige Euro betragen. Die jährlichen Kosten von ETFs liegen zwischen 0,1 und 0,7 Prozent pro Jahr.

ETFs unterscheiden sich auch von Indexzertifikaten, da sie sicherer sind. Bei Zertifikaten handelt es sich um Schuldverschreibungen des jeweiligen Emittenten. Sollte der Emittent zahlungsunfähig werden (Emittentenrisiko) kann man mit einem Totalverlust seines eingesetzten Kapitals rechnen. Dies mussten Kunden des insolventen Bankhauses Lehman Brothers am eigenen Leibe erfahren. Bei ETFs handelt es sich, wie Sie ja schon wissen, um Sondervermögen und daher sind die Gelder der Kunden geschützt.

Unterschiede zwischen ETFs und ETCs

ETFs unterscheiden sich auch von ETCs (Exchange Traded Commodities), denn diese sind, ähnlich wie Indexzertifikate, börsennotierte Schuldverschreibungen, durch die Anleger auf dem Rohstoffmarkt investieren können. Der Investor trägt auch hier das Verlustrisiko seines eingesetzten Kapitals bei einer Insolvenz des Emittenten. ETFs punkten hier gegenüber ETCs wieder mit dem Thema Sicherheit. Auch dieser Sektor kann mit ETFs, denen Rohstoffindizes zugrunde liegen, abgedeckt werden. Mehr zu den Themen Indexzertifikate und ETCs finden Sie in Kapitel 4.

Die Spieler im ETF-Markt

Grundsätzlich unterscheidet man zwischen Primärmarkt und Sekundärmarkt. In jedem Markt agieren unterschiedliche Teilnehmer. Im Primärmarkt sind die Emittenten zu nennen, also diejenigen, die Wertpapiere herausbringen oder begeben. Im ETF-Bereich ist dies beispielsweise der Anbieter iShares. Dazu kommen die jeweiligen Fondsmanager, die das Investmentvermögen professionell verwalten sollen. Und dann sind da noch die Market Maker.

Dies sind Börsenhändler, die verbindliche Angebots- und Nachfragepreise für die ihnen zugewiesenen Wertpapiere stellen, zu denen natürlich auch ETFs zählen, und die somit für Marktliquidität sorgen. Im Sekundärmarkt tummeln sich die Anleger oder Investoren, die ETFs kaufen oder verkaufen, sowie Banken und Broker. Über Onlinebroker lässt sich

Wer macht was?

Fondsgesellschaft:

Sie legt ETFs auf und verwaltet das Sondervermögen. Sie kooperiert mit Indexanbietern an der Börse und beauftragt einen oder mehrere Market Maker. Ihr obliegt ferner die Zulassung der ETFs bei der zuständigen Behörde sowie an der Börse.

Market Maker:

Er sichert den Handel von ETFs und sorgt für fortlaufende, verbindliche Geld/Briefkurse, also An- und Verkaufspreise. Damit werden ETFs flexibel. Bezüglich der Bandbreite der Spreads richtet er sich nach den Vorgaben der Fondsgesellschaft beziehungsweise nach den Marktgegebenheiten.

Anleger beziehungsweise Investoren:

Egal ob institutionelle oder private Anleger – sie kaufen oder verkaufen ihre ETF-Anteile entweder über eine Bank oder einen Broker an der Börse. Die Börse ist der Primärmarkt. ETFs können auch außerhalb der Börse gehandelt werden. In diesem Fall spricht man von einem OTC-Geschäft (Over-the-Counter-Geschäft).

heutzutage die gesamte Bandbreite an ETF-Produkten kaufen beziehungsweise verkaufen.

Nachdem Sie nun die Funktionsweise der ETFs sowie die Unterschiede zu anderen Finanzprodukten kennengelernt haben, lassen Sie uns im nächsten Kapitel in die Praxis einsteigen und die vielfältigen Einsatzmöglichkeiten sowie den Handel und die Investmentstrategien der ETFs beleuchten.

Kapitel 3

Die Praxis: Einsatzmöglichkeiten von ETFs

Bevor Sie daran denken, ETFs in ein Portfolio aufzunehmen, will ich Ihnen die verschiedenen Arten vorstellen, die Möglichkeiten der Auftragsabwicklung durchgehen und einen der wichtigsten Punkte auf der Kostenseite des Anlegers erklären. Dann wenden wir uns grundlegenden, konkreten Anlagestrategien dieser Produktklasse zu. Zunächst liste ich Ihnen jedoch die verschiedenen Arten von ETFs auf.

Arten von ETFs im Überblick

Aktien-ETF	**Renten-ETF**
Rohstoff-ETF	**Geldmarkt-ETF**
Strategie-ETF	**Derivate-ETF**
Short-ETF	**Branchen-ETF**

Folgende Beispiele verdeutlichen das Investment in ETFs:

Aktien-ETF

Aktien-ETFs bilden zusammen mit Renten-ETFs die größte Anlageklasse und werden am meisten gehandelt. Wenn Anleger beispielsweise ETFs auf den deutschen Aktienindex DAX kaufen, partizipieren sie von den Kurssteigerungen (oder -verlusten) sämtlicher Unternehmen, die in dem Index gelistet sind. Natürlich kann man auch in ETFs investieren, die ausländische Indizes abbilden. Ist ein Anleger der Meinung, dass die Konjunktur in China weiter auf vollen Touren laufen wird, so kann er einen ETF auf den CSI 300 Index erwerben. Dieser umfasst die

Aktien der 300 chinesischen Unternehmen mit der höchsten Marktkapitalisierung und der höchsten Liquidität.

Renten-ETF

Die zweite große Anlageklasse sind die Renten-ETFs. Sie eignen sich dafür, ein Portfolio mit Staats- und Unternehmensanleihen, Pfandbriefen sowie Inflationsbonds aufzubauen. Rentenpapiere sind generell risikoärmer als Aktien und daher sind Renten-ETFs hervorragend als konservative Beimischung für ein Portfolio geeignet. Dazu kommt, dass Renten-ETFs in der Vergangenheit oft besser abgeschnitten haben als aktiv gemanagte Rentenfonds.

Short-ETF

Auch bei einem Short-ETF ist der Fonds an einen bestimmten Index gebunden, nur verhält sich die Wertsteigerung des Fonds gegensätzlich (invers) zur Wertsteigerung des zugrunde liegenden Index, denn man setzt auf fallende Kurse. Das bedeutet, ein Short-ETF auf den DAX verliert fünf Prozent, wenn der DAX fünf Prozent gewinnt. Daher ist der Einsatz von Short-ETFs für Anleger geeignet, die eine hohe Risikobereitschaft haben oder bestehende Positionen absichern möchten. Die Vorgehensweise dazu wird im Abschnitt über das Hedging näher erläutert.

Branchen-ETF

ETFs auf Branchen bilden einen Index ab, der sich auf die Aktien einzelner Branchen bezieht, beispielsweise des Technologie- oder Energiesektors. Der Vorteil eines Branchen-ETF ist, dass man kein Einzelinvestment tätigt, sondern in dem jeweiligen Sektor eine breite Streuung vornimmt und so entsprechend das Verlustrisiko minimiert. Auch wenn eine bestimme Branche boomt, gibt es Unternehmen, bei denen es nicht so gut läuft. Setzt man dann bei einem Einzelinvestment auf das falsche Pferd – während alle anderen Unternehmen zu neuen Höchstkursen streben –, dann ist das mehr als ärgerlich. Bei einem Investment in einen Branchen-ETF passiert das jedoch nicht so leicht, da der gesamte Sektor bewertet wird, und je nach Gewichtung der Unternehmen im Index werden Ausreißer nach unten durch die gut laufenden Werte kompensiert. Anleger müssen hier aber genau auf den Index achten. Manche Branchenindizes haben einzelne Aktien sehr hoch gewichtet. Darunter leidet dann der Diversifikationseffekt.

ETFs mit Hebelwirkung

Normalerweise geben ETFs die Wertentwicklung eines Index im Verhältnis 1:1 wieder. Doch es gibt Ausnahmen, die sogenannten Leveraged-ETFs. Leverage bedeutet Hebel. Damit können Investoren überproportional Gewinne erzielen, aber auch Verluste erleiden. Der Hebel beträgt in der Regel zwei oder drei. Im Ausland sind ETFs mit weit höheren Hebeln verfügbar. Diese eignen sich aus meiner Sicht aber nur für sehr aktive Trader und weniger zum langfristigen Vermögensaufbau. Zudem gilt die gehebelte Indexentwicklung nur auf Tagesbasis. Gerade bei Schaukelbörsen weicht sie oft sehr stark von der tatsächlichen Indexentwicklung ab.

Auftragsarten

Da ETFs an der Börse gehandelte Fonds sind, stehen dem Investor verschiedene Auftragsmöglichkeiten zur Verfügung, die er sich zunutze machen kann, um sein Portfolio mit ETFs zu bestücken. Man unterscheidet dabei normale Auftragstypen von bedingten. Der normale Auftrag kann ohne Preisangabe (bestens) oder mit Preisangabe (Limit) erteilt werden. Es handelt sich um die häufigste Auftragsart, deren maximale Gültigkeit bei einem Jahr liegt. Egal wofür Sie sich auch entscheiden, bei der Abwicklung einer Transaktion fallen immer auch sogenannte implizite Kosten an, die Sie in Ihre Kalkulation einbeziehen müssen.

Implizierte Kosten

Der Spread, auch bekannt als Geld-Brief-Spanne, fällt unter die Kategorie implizierte Kosten. Er wird definiert als Differenz zwischen dem An- und dem Verkaufskurs eines ETF. Je enger der Spread, desto kleiner sind die implizierten Transaktionskosten für den Anleger. Die Erklärung dafür liegt auf der Hand. Anleger, die ein Wertpapier kaufen, bezahlen einen anderen Preis als diejenigen Anleger, die ein Wertpapier verkaufen. Aus Sicht des Anlegers ist der Kaufkurs (Brief) immer höher als der Verkaufskurs (Geld). Mit dem Differenzbetrag deckt beispielsweise im ETF-Handel der Market Maker, der die Preise stellt, die für ihn anfallenden Kosten. Es gibt verschiedene Arten von Spreads, wobei hinsichtlich implizierter Transaktionskosten der prozentuale Spread die größte Aussagekraft besitzt. Er lässt sich folgendermaßen berechnen:

Prozentualer Spread =
absoluter Spread (Briefkurs – Geldkurs) × 100 / Briefkurs

Ein Beispiel illustriert sehr deutlich die für den Anleger anfallenden Spreadkosten. ETF ABC mit einem Wert von 100 Euro hat im Markt aktuell einen Geldkurs von 99 Euro und einen Briefkurs von 101 Euro. Der prozentuale Spread beträgt folglich:

(101 – 99) × 100 / 101 = 1,98 Prozent

Auf Basis dieser Kursparameter muss der Kurs des Wertpapiers (ohne Börsengebühren und Maklercourtagen) zunächst rund ein Prozent steigen, ehe das ETF-Investment den inneren (= tatsächlichen) Wert des Fonds erreicht. Ein Kursanstieg von circa zwei Prozent ist unter sonst gleichen Bedingungen (z.B. Volatilität, Zeitpunkt) die Voraussetzung, ehe der Anleger mit dieser ETF-Position in die Gewinnzone kommt.

Die Börsen sorgen durch ein Regelwerk dafür, dass alle Market Maker ihre Preisstellung innerhalb einer definierten Maximalspanne durchführen. Das Regelwerk für den maximalen Spread ist abhängig von der Anlageklasse (ETFs auf Aktienmärkte, Obligationen, den Geldmarkt oder Rohstoffe) und den Handelszeiten der Basiswerte.

Grundlegende ETF-Strategien

Jede Anlagestrategie hat ihre eigene Logik und ihren eigenen Sinn und Zweck. Hier machen Strategien mit ETFs natürlich keine Ausnahme. Daher will ich an dieser Stelle die wichtigsten Ansätze vorstellen, mit denen Investoren ihr Geld langfristig erfolgreich vermehren können. Grundsätzlich geht es darum, zukunftsträchtige Regionen, Branchen und Sektoren zu identifizieren und keine Einzelunternehmen. Diesem Anspruch werden ETFs perfekt gerecht. Als Einstieg in die grundlegenden Strategien erkläre ich, wie ETF-Anteile überhaupt zustande kommen.

Wie ETF-Anteile entstehen

Niedrige Kosten sind ein zentrales Merkmal von ETFs. Ihr Geheimnis liegt zum größten Teil in der Vorgehensweise, wie ETF-Anteile überhaupt entstehen. Sie schaffen, ausgeben, handelbar machen – und dann bei Bedarf zurücktauschen –, das Verfahren ist einzigartig, typisch ETF.

Ihre Erfolgsgeschichte ist nicht nur darauf zurückzuführen, dass sie sich als sichere Anlageform in stürmischen Zeiten erwiesen haben. Sie sind zudem unschlagbar günstig und werden, ganz im Gegensatz zu herkömmlichen Fonds, wie Aktien ganztägig an der Börse gehandelt. Einfach gesagt: Sie sind billig und flexibel – der Anleger profitiert gleich in mehrfacher Hinsicht. Es gibt keine Ausgabeaufschläge, die Handelskosten sind niedrig und die Verwaltungsgebühren gering. Gleichzeitig ist der Marktpreis für die ETF-Anteile laufend auf dem aktuellen Stand. Potenzielle Erstanleger mögen sich verwundert fragen, wie das geht. Ein Blick hinter die Kulissen macht es deutlich.

Exchange Traded Funds – allein schon der Name führt auf die richtige Spur. ETFs werden zum einen direkt an der Börse gehandelt, zum anderen aber auch von institutionellen Anlegern außerbörslich. Das Verfahren, das die Sache letztlich so effizient macht, ist der Creation/Redemption-Prozess, auf Deutsch Ausgabe- und Rücknahmeprozess. Dieses Prozedere, das für die Konstruktion der ETFs von elementarer Bedeutung ist, lässt sich folgendermaßen beschreiben:

Die Grundidee ist: Wertpapiere werden gegen ETF-Anteile getauscht und umgekehrt – Ausgabe und Rücknahme. Ort des Geschehens ist der Primärmarkt, also der Finanzmarkt außerhalb der Börse. Eine zentrale Rolle nimmt der Market Maker (auch Designated Sponsor genannt) ein. Dieser bietet am Markt fortlaufend Preise für ETF-Anteile. Verkauft er zum Beispiel ETF-Anteile an einen Investor, liefert er dem ETF-Anbieter im Anschluss als autorisierter Marktteilnehmer einen Korb mit Aktien in genau der Zusammensetzung des abzubildenden Index, beispielsweise des DAX. Für diesen Wertpapierkorb erhält er im Gegenzug von der Fondsgesellschaft neu geschaffene ETF-Anteile. Dieser Handlungsabschnitt ist der sogenannte

Creation-Prozess. Die Rücknahme – Redemption – steht für den umgekehrten Schritt: Der Market Maker kann jederzeit ETF-Anteile an die Fondsgesellschaft zurückgeben. Als Gegenleistung bekommt er dann von ihr den entsprechenden Aktienkorb zurück.

Der entscheidende Vorteil dieser Vorgehensweise ist: Innerhalb des Fondsvermögens entstehen keine Transaktionskosten. Die Mittel, die dem ETF-Fondsvermögen zufließen, müssen vom ETF-Anbieter nicht in die entsprechenden Wertpapiere investiert werden. Das wirkt sich positiv auf die ETF-Performance im Gegensatz zur Indexentwicklung aus – auf die haben im Creation/Redemption-Prozedere auch hohe Mittelzu- oder -abflüsse keine Auswirkungen.

Bleibt die Frage, wie sich der Market Maker finanziert. Zum einen macht er das über die Differenz zwischen dem Ankaufs- und dem Verkaufskurs des ETF, dem sogenannten Spread. Zum anderen hat ein Market Maker, der zu einer großen Bank mit eigenen Wertpapierbeständen gehört, die Möglichkeit, einen Teil des Bedarfs aus den eigenen Handelsbüchern zu decken. In diesem Fall muss er am Markt nicht als Käufer oder Verkäufer agieren.

Das spart Kosten und führt in der Regel wieder zu einem engeren Spread, also einer geringeren Geld/Briefkursdifferenz. Übrigens: Market Maker haben zum Teil verschiedene Schwerpunkte. So setzen kleinere Handelshäuser eher auf ganz bestimmte hochliquide ETFs, andere wiederum vorwiegend auf die eigenen Produkte. Und dann gibt es noch Banken, die unabhängig von Emittenten sind und an allen Börsen so ziemlich alle ETFs betreuen.

Der Spread spiegelt auch die Liquidität der im Index enthaltenen Aktien wider. Je weniger liquide diese sind, desto höher ist das Transaktionsrisiko und desto weiter ist der Spread. Vor diesem Hintergrund ist es auch von Bedeutung, welcher Index gewählt wurde. Bei ETFs auf den DAX oder den DJ EURO STOXX 50 liegt der Spread im Schnitt bei weniger als 0,1 Prozent. Bis zu einem halben Prozent sind es bei Branchen-ETFs und bei exotischen Indizes kann er auch an die Einprozentmarke oder mehr heranreichen. Außerdem ist der Spread meist auch weiter außerhalb der Handelszeiten des zugrunde liegenden Markts.

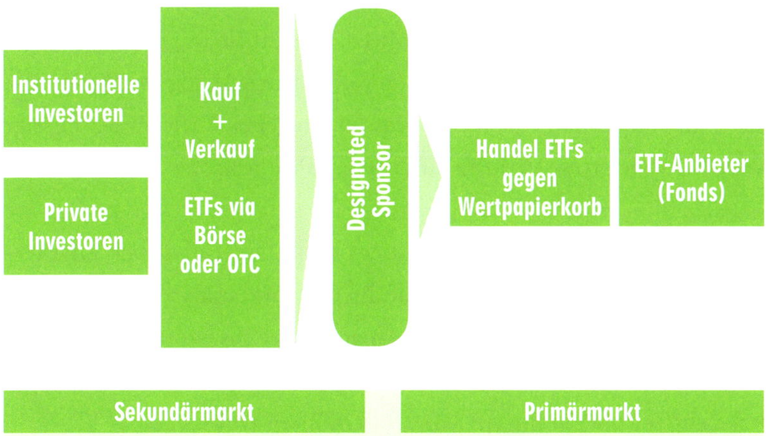

Der Creation/Redemption-Prozess ist ein Tausch von Aktienkörben gegen Fondsanteile. Ein Market Maker stellt einen Korb mit Aktien zusammen, der dem abzubildenden Index 1:1 entspricht. Diesen gibt er der Fondsgesellschaft. Im Gegenzug erhält er ETF-Anteile im Wert des Aktienkorbs (Creation-Prozess). Damit wird der Index handelbar gemacht. Der Market Maker bietet die ETF-Anteile an der Börse zum Kauf und Verkauf an, sorgt für Liquidität und aktuelle Geld/Briefkurse. Redemption-Prozess: Der Market Maker kann jederzeit ETF-Anteile an die Fondsgesellschaft zurückgeben. Als Gegenleistung erhält er den entsprechenden Aktienkorb zurück.

Insgesamt kann der Creation/Redemption-Prozess als geniale Verfahrensweise bezeichnet werden, denn letztlich profitieren alle Beteiligten. Die Fondsgesellschaft verlagert Risiko und Kosten aus dem

Sondervermögen (ETF) auf den Market Maker. Der wiederum kann den Index im täglichen Handel fortlaufend effizient abbilden, wobei er gleichzeitig zusätzliche Handelschancen nutzt. Und der Investor erhält einen fairen Preis mit sehr niedrigen Handelskosten und Verwaltungsgebühren.

Strategische Überlegungen

Eine grundlegende Strategie für den Einsatz von ETFs ist das kurz- oder mittelfristige Parken freier Mittel. Anstatt sie in Festgeld anzulegen, können freie Gelder kurzzeitig und kostengünstig in ETFs investiert und in Zeiten knapperer Kassen umgehend wieder verflüssigt werden, ohne große Verluste durch Transaktionskosten.

Der richtige Zeitpunkt des Einstiegs spielt dabei natürlich eine wesentliche Rolle. Dazu ist eine gründliche Marktanalyse von entscheidender Bedeutung. Hier sollten Anleger und Investoren neben dem Gesamtmarkt unbedingt auch einzelne Branchen oder Länder näher beleuchten und den Einsatz von ETFs in Erwägung ziehen.

Werden diese ETFs dann tatsächlich gekauft, kann es zu einer Übergewichtung einzelner Branchen oder Länder kommen. In diesem Fall empfiehlt es sich, diese Anlageklassen zu identifizieren und je nach Bedarf mit entsprechenden Short-ETFs abzusichern.

Asset-Allokation

Asset-Allokation bezeichnet eine Investmentstrategie, die die Aufteilung des Vermögens auf verschiedene Anlagekategorien im Fokus hat. Der Sinn einer Aufteilung nach Anlageklassen besteht darin, dass sich das Gesamtrisiko durch eine Diversifikation auf verschiedene, nicht hochgradig miteinander korrelierte Anlageklassen des Portfolios reduzieren lässt. Man unterscheidet zwischen klassischen Anlagekategorien, wie Aktien, Renten, Währungen und dem Geldmarkt, und den nicht traditionellen Anlageklassen wie Private Equity oder Hedge Funds. Die Gewichtung und Zusammenstellung der einzelnen Vermögensklassen kann komplett auf die Bedürfnisse des Investors abgestimmt werden. Aufgrund der Produktvielfalt von ETFs lässt sich eine Asset-Allokation einfach und preiswert realisieren.

Beispielhafte Darstellung eines diversifizierten Portfolios

Aufteilung der Anlageklassen

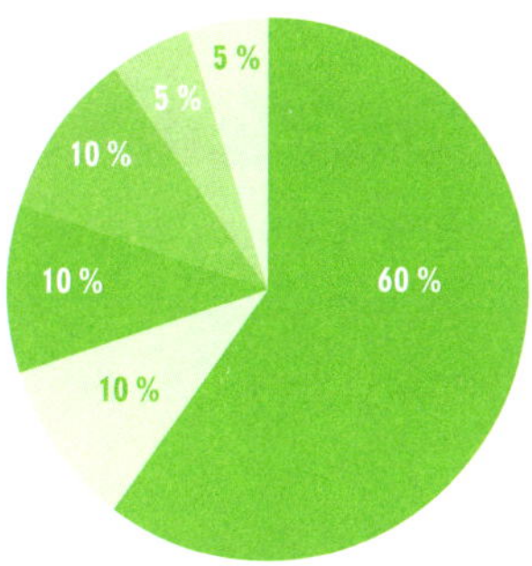

60 %	Aktien
10 %	Renten
10 %	Immobilien
10 %	Rohstoffe
5 %	Geldmarkt
5 %	Währungen

Aufteilung der Produkte

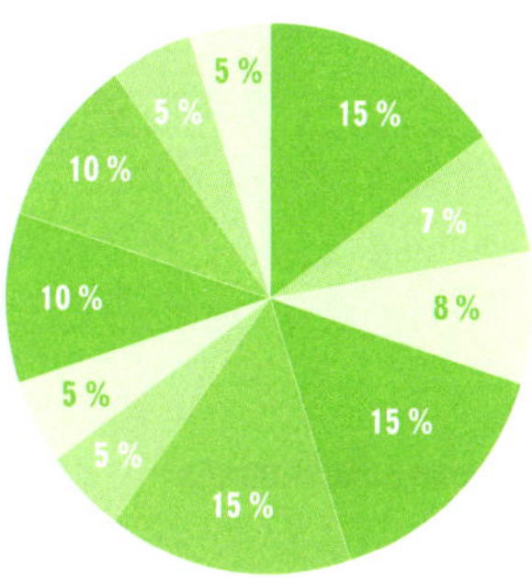

15 %	MSCI Europe
7 %	MSCI USA
8 %	iBoxx EUR Liquid Corporates
15 %	eb.rexx® Jumbo Pfandbriefe
15 %	MSCI Asia-Pacific ex-Japan
5 %	MSCI Emerging Markets
5 %	Nikkei 225
10 %	FTSE EPRA/NAREIT Dev. Property
10 %	DB Liquid Commodity OY Balanced
5 %	EONIA Total Return
5 %	DB Currency Returns

Core-Satellite

Als Core-Satellite-Strategie bezeichnet man im Portfoliomanagement die Aufteilung eines Portfolios in einen breit diversifizierten Kern (Core) und mehrere kleine Einzelinvestitionen (Satellite). Dabei soll das Kerninvestment möglichst genau die gerade übliche Marktrendite erreichen, wohingegen über Satelliteninvestments eine Outperformance erzielt werden soll. Als Finanzinstrumente für das Kerninvestment bieten sich vor allem ETFs an, da sie einen preiswerten Zugang zu einem breit diversifizierten Portfolio bieten. Dieses sollte im Idealfall ein risikoarmes Investment sein. Über die Satelliteninvestments, die jeweils nur einen geringen Vermögensteil am Gesamtportfolio darstellen, wird versucht, eine über dem Marktdurchschnitt liegende Rendite zu erwirtschaften.

ETFs als Kerninvestment

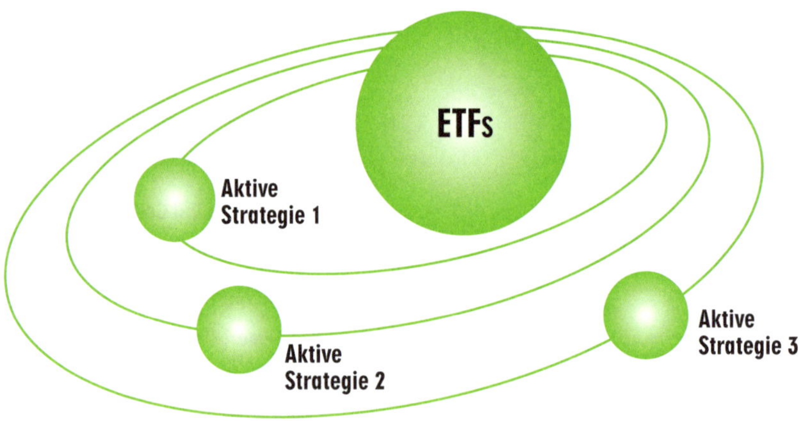

- Kerninvestment ist ein marktbreiter Index
- Optimiertes Kerninvestment über Sektoren, Anlagestile oder Länderindizes

ETFs als Satelliten

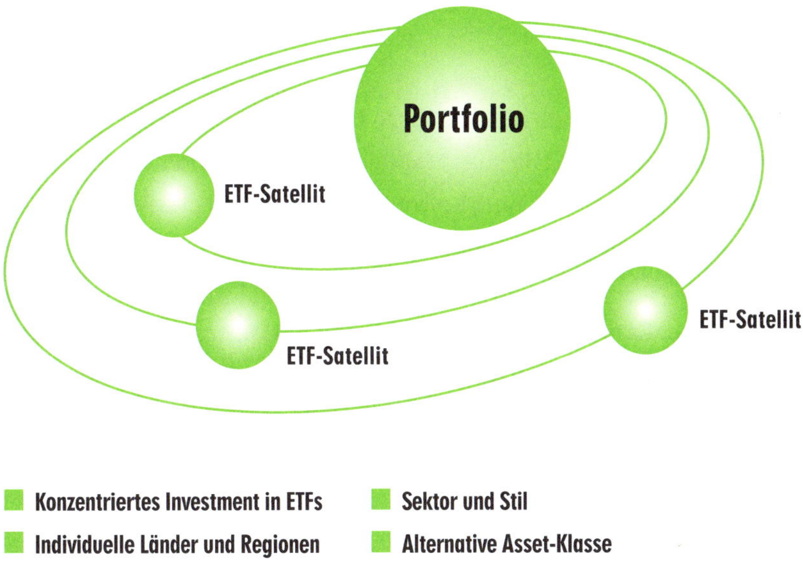

Dabei ist eine geringe Korrelation (Wechselbeziehung) mit dem Kernportfolio aus Diversifikationsgründen sehr ratsam.

Beispiele für Satelliteninvestments sind häufig spezielle geografische Regionen (z.B. Emerging Markets), andere Anlageklassen (z.B. Rohstoffe oder Immobilien) oder auch Managementstile/-strategien (z.B. Small Caps). Als Produkte können neben aktiven auch passive Instrumente wie ETFs dienen. Diese Satellitenanlagen zeichnen sich, neben interessanten Renditeaussichten, auch durch entsprechend höhere Risiken aus. Aufgrund der großen Produktvielfalt von ETFs kann ein gesamtes Portfolio mit ETFs nach dem Core-Satellite-Ansatz aufgebaut werden. Core-Satellite-Strategien gehören bei institutionellen Anlegern und Vermögensverwaltern mittlerweile zu den Standardstrategien.

Dank der ETFs können jedoch auch Privatanleger diesen Ansatz einfach und kosteneffizient umsetzen.

Trading mit ETFs

Mit ETFs kann man natürlich auch klassisches Trading betreiben und von steigenden und fallenden Märkten profitieren. In Rallyephasen setzt der Trader Long-ETFs oder Leveraged-ETFs ein und in fallenden Märkten nutzt er Short-ETFs oder Leveraged-Short-ETFs. Sogar für das Day-Trading ist diese Produktklasse geeignet. Dank niedriger Gebühren und einer fortlaufenden Kursfestschreibung können auch sehr kurzfristig ausgelegte Anlagestrategien umgesetzt werden. Ist ein Anleger beispielsweise davon überzeugt, dass der DAX an einem Tag massiv zulegen wird, kauft er DAX-ETFs und veräußert sie – mit Gewinn – am gleichen Tag wieder.

Hedging mit ETFs

Mit ETFs kann man bestehende Positionen oder sogar ein ganzes Portfolio absichern, denn der Investor kann mit Long-ETFs auf steigende Kurse spekulieren und mit den entsprechenden Short-ETFs auf fallende Kurse setzen. Dadurch optimiert man nicht nur das Gesamtrisiko eines Portfolios, es ist sogar dessen komplette Neutralisierung möglich. Je nach Markteinschätzung löst der Investor die Absicherung anschließend wieder auf – ganz oder teilweise.

EXKURS: Klassisches Hedging

Hedging bedeutet „Absicherung“. Ein Investor will damit eine Portfolioposition gegen mögliche Risiken, wie etwa einen Kursrückgang, absichern.

Dazu bedient er sich der vorhandenen Instrumente des Terminmarkts, das heißt der Futures oder Optionen. Inzwischen gibt es auch Short-ETFs auf die wichtigsten Aktienmärkte oder Branchen.

Altersvorsorge mit ETFs

Aufgrund der geringen laufenden Kosten eignen sich ETFs sehr gut zum langfristigen Investieren oder Sparen. Ich möchte Ihnen hier kurz einige Möglichkeiten vorstellen.

ETF als Sparplan

Ein Anleger kann ETFs auch im Rahmen eines Sparplans kaufen. Dies funktioniert genauso wie bei einem klassischen Fondssparplan. Der Kunde wählt dazu einen oder mehrere ETFs aus und die Anteile werden dann in der Regel monatlich gekauft.

Bei dieser Variante setzt der Sparer auf das sogenannte Durchschnittspreisverfahren, wenn er pro Monat für eine bestimmte Summe Anteile kauft und nicht eine festgelegte Anzahl von Anteilen erwirbt. Die geringen Kosten der ETFs sorgen für eine hohe Nettorendite (Bruttorendite – Kosten der ETFs).

EXKURS: Durschnittspreisverfahren

Unter dem Durchschnittspreisverfahren (Cost-Average-Effekt) versteht man die Tatsache, dass ein Anleger bei regelmäßiger Anlage eines gleichbleibenden Betrags, beispielsweise 100 Euro, bei fallenden Kursen mehr und bei steigenden Kursen weniger Anteile kaufen kann. Dies ist bedingt durch die Kursschwankungen der Wertpapiere. Damit können Anleger bei einem langfristigen Fondssparplan einen günstigeren

Durchschnittspreis für ihre Fondsanteile erzielen. Doch Vorsicht: Im Verlauf der Ansparphase sammelt sich immer mehr Kapital an und die einzelnen festen Monatsraten werden prozentual gesehen immer kleiner. Daher nimmt der Cost-Average-Effekt mit zunehmender Laufzeit immer weiter ab und die Kursschwankungen der Fondsanteile wirken sich überproportional auf die Rendite der Anlage aus. Dies gilt nach oben ebenso wie in die andere Richtung.

Monat	Sparbetrag	Kurs	Anzahl Anteile
Januar	150,00 Euro	50,00 Euro	3,00
Februar	150,00 Euro	51,00 Euro	2,94
März	150,00 Euro	52,00 Euro	2,88
April	150,00 Euro	51,75 Euro	2,90
Mai	150,00 Euro	52,00 Euro	2,88
Juni	150,00 Euro	52,25 Euro	2,87
Juli	150,00 Euro	53,00 Euro	2,83
August	150,00 Euro	51,75 Euro	2,90
September	150,00 Euro	50,00 Euro	3,00
Oktober	150,00 Euro	49,50 Euro	3,03
November	150,00 Euro	49,00 Euro	3,06
Dezember	150,00 Euro	48,75 Euro	3,08
	1.800,00 Euro	**50,88 Euro**	**35,37**

Investiertes Kapital: 1.800 Euro

Anzahl Anteile: 35,37 Stück

Durchschnittskurs: 50,88 Euro

ETFs als Einmalanlage

Man kann ETFs auch einmalig kaufen, in Form der sogenannten Einmalanlage. Diese Variante eignet sich für langfristig orientierte Investoren. Da die ETFs mit ihrer Wertentwicklung an den jeweiligen Index gebunden sind, weist der Index natürlich Schwankungen auf. Sollte man kurzfristig Geld benötigen und muss dazu die Anlage verkaufen, kann es passieren, dass man sich weit unter dem Einstiegskurs von seinen Papieren trennen muss – und das hat Verluste zur Folge. Deshalb sollte man beim Kauf von ETFs immer überprüfen, ob die Fonds in die definierte Anlagestrategie passen.

Riester-Rente mit ETFs

ETFs bieten auch große Kostenvorteile im Rahmen einer Riester-Rente. Die Summe der effektiven Kosten für die Versicherung und die Geldanlage (Fondskosten) sind sehr niedrig. Zudem werden keine laufenden

	Direktversicherung Aktienfonds	Marktführer Aktienfonds	ETF-Riester-Rente
Bruttorendite (Annahme)	6,00 %	6,00 %	6,00 %
Kosten für Versicherung p.a.	0,75 %*	1,40 %	1,14 %**
Fondskosten p.a. (Annahme)	1,50 % TER	1,50 % TER	0,30 % TER
Summe effektive Kosten p.a.	2,25 %	2,90 %	1,44 %
Nettorendite (nach Kosten)	3,75 %	3,10 %	4,56 %
Mögliche Rente Jahr 1	525 Euro	506 Euro	798 Euro
Mögliche Ablaufleistung	150.115 Euro	131.633 Euro	177.532 Euro

* Versicherungskosten sind optisch günstig, werden aber durch „Kick Back"-Vergütung aus aktiven Fonds quersubventioniert. Bei ETFs gibt es keine „Kick Backs". Entscheidend sind daher die effektiven Gesamtkosten.

** Es wird noch ein Beratungshonorar fällig. Aber selbst damit bietet die ETF-Riester-Rente die höchste Ablaufleistung.

Vertriebsprovisionen an Berater gezahlt. Da in diese Verträge derzeit aber nur über Honorarberater investiert werden kann, ist bei Abschluss einer derartigen ETF-Riester-Rente ein einmaliges Beratungshonorar zu bezahlen. Mehr Informationen mit aktuellen Beispielen finden Sie auf meiner Webseite unter www.extra-funds.de/investieren.

EXKURS: Riester-Rente

Der Gesetzgeber fördert die private Altersvorsorge mit zertifizierten Produkten. Bei Riester-Verträgen sind die Beiträge, die staatlichen Zulagen und eine lebenslange Rente garantiert.

Die staatliche Förderung beinhaltet Zulagen für die Versicherten, ihre Kinder und gegebenenfalls eine Steuerersparnis. Sie kann bis zu 44 Prozent der Sparleistung betragen. Förderberechtigt ist jeder, der in die gesetzliche Rentenversicherung einzahlt (Arbeitnehmer, Auszubildende sowie pflichtversicherte Selbstständige), Beamte und Empfänger von Amtsbezügen, Wehr- und Zivildienstleistende sowie Empfänger von ALG I oder ALG II.

Nach diesem Überblick über die vielfältigen Einsatzmöglichkeiten der ETFs geht es im nächsten Kapitel um die Exoten, die sich auf dem ETF-Markt tummeln. Ferner werden wir uns mit den Mythen auseinandersetzen, die sich rund um das Thema ETF ranken und den Einsatz von ETCs beleuchten.

Kapitel 4

ETF-Exoten und -Mythen

Die Palette der ETFs wächst unaufhörlich. Ende September 2010 wurden in Europa bereits über 1.000 ETFs angeboten. Ständig lassen sich die Emittenten etwas Neues einfallen, um Kundenwünsche zu befriedigen und neue Märkte abzudecken.

ETF-Exoten

Die Exoten unter den ETFs bedienen Bereiche, mit denen sich Anleger seltener befassen, die aber gerade deshalb ein sehr interessanter Investmentsektor sein können, da sie gute bis sehr gute Renditechancen bieten. Zu den Exoten unter den ETFs zählen beispielsweise Indexfonds, die sich auf Aktienindizes asiatischer Länder, Hedge Funds, Derivatestrategien oder spezielle Sektoren beziehen. Auch im Bereich der Renten-ETFs gibt es einige Exoten. So kann mit ETFs auf die Entwicklung von Kreditderivaten oder die Inflationsrate gesetzt werden und mit Renten-Short-ETFs auf steigende Zinsen.

Bevor man jedoch in exotische ETFs investiert, sollte man sich sehr genau mit der Zusammensetzung des zugrunde liegenden Index auseinandersetzen. Zum Aufbau eines gut diversifizierten Portfolios sind diese Produkte in der Regel nicht unbedingt erforderlich. Profis können damit aber durchaus interessante Anlagestrategien umsetzen.

Ein Ausflug in die Welt der ETCs

Viele Anleger, die sich gerade erst mit dem Thema ETF anfreunden, verwechseln diesen Begriff oft mit dem Kürzel ETC. Doch Vorsicht: Rechtlich gesehen stellen ETCs unbefristete Schuldverschreibungen des jeweiligen Emittenten dar und sind deshalb kein Sondervermögen in Form einer Fondsstruktur. Daher will ich an dieser Stelle kurz auf die

Konstruktion und die Verwendungsmöglichkeiten von ETCs eingehen sowie deren Vor- und Nachteile näher betrachten.

Was sind ETCs?

ETC steht für „Exchange Traded Commodities“. Dabei handelt es sich um börsennotierte Wertpapiere, die es Anlegern erlauben, in die Anlageklasse Rohstoffe, sogenannte Commodities, zu investieren. Das bedeutet, Anleger bekommen so einen schnellen und transparenten Zugriff auf eine breite Palette von Rohstoffen, ohne dass ein Handel mit Futures oder die physische Abnahme einer Lieferung erforderlich ist. Investoren können ihre Kauf- und Verkaufsaufträge einfach über ihre Bank oder ihren Broker an der Börse platzieren.

EXKURS: Emittentenrisiko und Inhaberschuldverschreibung

Der Begriff Emittentenrisiko ist erst seit der Pleite der amerikanischen Investmentbank Lehman Brothers in aller Munde. Doch welche Bedeutung hat das Emittentenrisiko für Sie als Anleger? Um die Frage zu beantworten, will ich näher auf dieses sehr wichtige Thema eingehen. Ich beginne zunächst mit einer Definition: Der Begriff Emittentenrisiko findet in dem Bereich der Inhaberschuldverschreibungen Verwendung. Dazu zählen unter anderem Anleihen, Zertifikate oder eben ETCs. Emittentenrisiko bedeutet, dass bei dieser Art von Wertpapieren zusätzlich zum Kursrisiko noch das Risiko der Zahlungsunfähigkeit des Emittenten hinzukommt. Das würde in diesem Fall bedeuten, dass der Emittent nicht in der Lage ist, dem Anleger das eingesetzte Kapital und das versprochene Auszahlungsprofil zurückzuzahlen.

Die Inhaberschuldverschreibung ist ein Wertpapier, das eine Forderung gegen einen Emittenten verbrieft.

Besitzen Sie als Anleger Inhaberschuldverschreibungen, haben Sie die Stellung eines Gläubigers gegenüber den Ausstellern, in diesem Fall sind es die Emittenten. Die Inhaberschuldverschreibung kann beliebig auf eine andere Person übertragen werden, sie ist daher leicht handelbar.

Arten von ETCs

Wie bei ETFs auch können Anleger bei ETCs aus einer breiten Produktpalette ein für sie geeignetes Investment auswählen. Hierzu einige Beispiele:

ETCs mit physischen Rohstoffen

Es gibt ETCs, die den zugrunde liegenden Rohstoffpreis nachbilden, indem dafür der Rohstoff direkt eingekauft wird. Für Privatinvestoren wäre ein solches Investment häufig gar nicht möglich, denn der Rohstoff muss gelagert werden. Das kann umständlich sein und manchmal nicht unerhebliche Kosten verursachen. Zum Beispiel gibt es Gold-ETCs, bei denen sich Anleger sogar Gold statt Geld auszahlen lassen können. Für die meisten Rohstoffe eignet sich diese Form der Rohstoffpreisabbildung jedoch nicht, da der Aufwand für die Lagerung viel zu komplex und teuer wäre.

So betragen die durchschnittlichen Lagerkosten bei Rohöl 22 Prozent des Ölwerts pro Jahr, Agrarrohstoffe liegen mit circa 10 Prozent zwar deutlich niedriger, aber immer noch recht hoch. Bei Aluminium machen die Kosten 6 Prozent aus und bei Gold 0,01 Prozent.

ETCs mit Futures

Zwei günstigere Möglichkeiten, um den Preis eines Rohstoffs abzubilden, benutzen Futures beziehungsweise Swaps. Bei einem futurebasierten ETC werden Futurespositionen in dem entsprechenden Rohstoff aufgebaut. Hier kann es bei Fälligkeit des Futurekontrakts und dem „Rollen“ auf den nächsten Kontrakt zu Rollgewinnen oder unerwünschten Rollverlusten kommen. Futures sind die gebräuchlichste Form die zukünftige Entwicklung der Rohstoffmärkte abzubilden.

EXKURS: Rollen/ Backwardation/Contango

Üblicherweise wird nicht der Rohstoff selbst gekauft, sondern fast immer erwirbt der Emittent Futures, da Transport und Lagerung von Rohstoffen teuer sind. Ein Future ist ein Terminkontrakt, der zur Lieferung beziehungsweise zur Abnahme eines bestimmten Basiswerts zu einem bestimmten Preis und einer vorgegebenen Menge und Qualität zu einem vereinbarten zukünftigen Zeitpunkt verpflichtet. Ein Rohöl-Futurekontrakt mit Fälligkeit im Juni 2011 sichert dem Käufer einen festen Preis für eine bestimmte Ölmenge zu, die aber erst in einem halben Jahr geliefert wird. Um die tatsächliche Lieferung des Öls zu vermeiden, wird der Investor den Kontrakt unmittelbar vor Fälligkeit wieder verkaufen. Spekuliert ein Investor aber über einen längeren Zeitraum auf einen Preisanstieg eines bestimmten Rohstoffs, muss er in einen Futurekontrakt mit späterer Fälligkeit wechseln. Hier tritt jedoch folgendes Problem auf: Je nach Preisdifferenz zwischen dem zu verkaufenden und dem zu kaufenden Kontrakt kann der Rollvorgang entweder einen positiven oder einen negativen Effekt für den Investor haben. Wie sich der Rolleffekt auswirkt, hängt also von der Terminkurve der Futures ab. Die Terminkurve beschreibt die Beziehung zwischen Futurekontrakten mit unterschiedlichen Fälligkeiten und Preisen.

Liegen die Preise der länger laufenden Futurekontrakte unter denen, die früher fällig werden, liegt eine sogenannte Backwardation-Situation vor, in der Rollerträge erzielt werden. Der kurz laufende Future wird verkauft und in einen länger laufenden Kontrakt mit niedrigerem Kurs getauscht.

Umgekehrt ist es, wenn die länger laufenden Futurekontrakte teurer sind als die vorhergehenden, dann entsteht eine negative Rollrendite, die man Contango nennt. Ausschlaggebend für den Erfolg ist, dass der Investor in einer Backwardation-Situation alleine durch seine Rollerträge eine positive Gesamtrendite erzielt. In einer Contango-Situation wird der Anleger dagegen bei stagnierendem Spotpreis systematisch Verluste erleiden. Gerade in der letzten Zeit werden fast alle Rohstoffe in einer Contango-Situation gehandelt. Hier können dann leicht Rollkosten in einer Höhe von 10 bis 15 Prozent pro Jahr entstehen. In diesem Fall sollte man sehr genau überlegen, ob man investiert. Wenn der Rohstoffpreis nicht signifikant steigt, „fressen" die Rollkosten die Rendite auf.

Vorteile von ETCs

ETCs verfolgen den ihnen zugrunde liegenden Rohstoffindex oder einen einzelnen Rohstoff. Sie werden an regulierten Aktienbörsen gehandelt und abgerechnet und können daher über gewöhnliche Wertpapierdepots gekauft und gehalten werden. Auch gibt es bei ETCs nicht die Schwierigkeiten wie beim Kauf und der Verwaltung von Futurespositionen, das heißt, der Anleger muss sich keine Sorge um eventuelle Nachschussforderungen, auslaufende Kontrakte oder die Prolongation von Positionen machen.

Risiken der ETCs

Natürlich sind ETCs auch schwankenden Kursen unterworfen, jedoch können Investoren nicht mehr verlieren als den Betrag der ursprünglichen Investition. Im Falle der Insolvenz eines Anbieters besteht ein Ausfallrisiko. Um dieses Risiko jedoch für den Anleger auf ein Minimum zu reduzieren, schützen viele ETC-Anbieter ihre Produkte durch physisch hinterlegte Rohstoffe oder andere geeignete Sicherheiten. In den meisten Fällen werden die hinterlegten Sicherheiten zusätzlich an eine Treuhandgesellschaft ausgegliedert. Zudem räumt eine Edelmetall-Schuldverschreibung dem Investor das Recht ein, von dem Emittenten die Lieferung der Ware zu verlangen. Auch zu diesem Zweck lagert der Emittent eine entsprechende Menge Edelmetalle in physischer Form ein.

Unterschiede zwischen ETCs, ETFs, ETNs und Indexzertifikaten

Indexzertifikate, ETFs (Exchange Traded Funds), ETCs (Exchange Traded Commodities) und ETNs (Exchange Traded Notes) – das sind vier Namen mit einer zentralen Gemeinsamkeit: Sie bilden einen bestimmten Markt ab, folgen dessen Entwicklung passiv und kommen ohne Fondsmanager aus. Im Detail unterscheiden sie sich jedoch erheblich. So haben die meisten Indexzertifikate eine Laufzeitbegrenzung, nicht aber die ETF-Produkte. Hier kommt der Anleger nicht in die Verlegenheit, Gewinne oder auch Verluste eventuell zu einem völlig ungünstigen Zeitpunkt realisieren zu müssen. Diesen kann er sich bei den ETFs aussuchen. Ein weiterer Unterschied: Indexzertifikate werden von nur einem Emittenten betreut – bei ETFs gibt es mehrere Market Maker, die fortlaufend Kurse stellen. Dies sorgt für Wettbewerb, sprich niedrige

Preise, und für hohe Liquidität. Außerdem: Indexzertifikate sind Schuldverschreibungen und kein Sondervermögen, das im Insolvenzfall des Emittenten vor dem Zugriff der Gläubiger geschützt ist.

Exchange Traded Products		
Exchange Traded Funds (ETFs)	Exchange Traded Commodities (ETCs)	Exchange Traded Notes (ETNs)
Sondervermögen	Inhaberschuldverschreibung (besichert)	
Die Urform eines Indexfonds. Als Sondervermögen vor Insolvenz geschützt.	Sonderform auf Basis einer Inhaberschuldverschreibung. ETCs beziehen sich auf Rohstoffe.	Sonderform auf Basis einer Inhaberschuldverschreibung. ETNs beziehen sich in der Regel auf alternative Asset-Klassen.

Der eingebaute Insolvenzschutz ist jedoch einer der zentralen Vorteile der ETFs, da sie von ihrer Struktur her eigentlich ein Fondsmantel sind. Dies erklärt unter anderem ihre zunehmende Beliebtheit. Doch nicht nur das, sie sind auch äußerst flexibel, da sie an der Börse gehandelt werden – Exchange Traded eben. Die Branche geht gerade bei diesen Exchange Traded Products (ETPs) zukünftig von einer verstärkten Nachfrage aus. Auf der Suche nach weiteren Möglichkeiten, die bewährten börsengehandelten Anlageformen einzusetzen, haben sich zu den ETFs mittlerweile die ETCs und ETNs hinzugesellt. Sie ermöglichen es, anstatt auf einen diversifizierten Aktienkorb auch auf einzelne Werte zu setzen. Während vielfach von einer drohenden Inflation gesprochen wird, sind krisensichere Rohstoffe wie Rohöl, Gold, Silber oder Kupfer zunehmend gefragt. Allein im letzten Jahr sind nach Erkenntnis der Deutschen Bank die Mittelzuflüsse bei Rohstoffen in Europa um 46 Prozent und in den USA um

45 Prozent gewachsen. Angesichts dieser Entwicklung wird in Zukunft wohl auch der Bekanntheitsgrad von ETCs und ETNs steigen. Für den Anleger ist es daher umso wichtiger, zumindest die wesentlichen Unterschiede der verschiedenen Indexprodukte zu kennen. Stichwort Sondervermögen: Die Insolvenzschutzkonstruktion der ETFs lässt sich nicht ohne Weiteres auf ETCs oder ETNs übertragen. Der Grund dafür liegt im deutschen Investmentgesetz. Es erlaubt die Architektur klassischer ETFs als Sondervermögen nur, wenn der Fonds diversifiziert ist, also verschiedene Aktien aus einem Index enthält, nicht jedoch, wenn der Anleger auf Einzelwerte setzt. Deshalb müssen die Anbieter in diesem Fall andere Sicherungssysteme einsetzen. ETCs und ETNs sind unbefristete Inhaberschuldverschreibungen. Anders als ETFs repräsentieren sie ein Schuldversprechen des Emittenten, das an einen bestimmten Index gekoppelt ist.

ETNs sind ein sehr junges Produkt. In Europa werden sie seit Ende 2009 gehandelt, zwei Jahre nach ihrer Einführung in den USA. Sie sind den ETCs in ihrer Struktur sehr ähnlich, mit dem Unterschied, dass sie sich nicht nur auf Rohstoffe, sondern auch auf andere Basiswerte wie etwa Währungen beziehen. Derzeit sind sie noch weitgehend unbesichert. ETNs sind die logische Fortsetzung der Produktinnovationen bei Exchange Traded Products im Umfeld der ETFs. Deren rasante Entwicklung zieht eine verstärkte Nachfrage nach alternativen Anlagemöglichkeiten nach sich. Das Segment ist noch recht klein, dürfte aber zukünftig an Bedeutung gewinnen. Im Vergleich zu ETFs, die größere Indizes wie den DAX oder den EURO STOXX abbilden, sind die derzeit handelbaren ETNs relativ komplex und erfordern vom Anleger etwas Erfahrung.

Bei den seit vier Jahren angebotenen ETCs ist der Investor insofern auf der sicheren Seite, als der Emittent entsprechende Vermögenswerte vorhält, die im Insolvenzfall nicht in die Konkursmasse einfließen. Die Inhaberschuldverschreibungen werden zum Teil physisch durch den

Rohstoff, in den investiert wird, unterlegt und anderweitig besichert. So wird bei den Gold-ETCs ein Lieferanspruch auf die Ware Gold verbrieft. Dieses wird eingelagert, also physisch hinterlegt. Im Gegensatz zu Indexzertifikaten, mit denen sich ebenfalls die Wertentwicklung von Rohstoffen abbilden lässt, sind ETCs also in der Regel zusätzlich besichert.

Wie ETFs bieten sie den Vorteil, dass sie keine Laufzeitbegrenzung haben. Zudem werden auch sie kontinuierlich an den Börsen gehandelt. Die Preise sind somit jederzeit auf dem aktuellen Stand. Ein weiterer Vorteil im Vergleich zu Indexzertifikaten ist: Es fungiert nicht nur der Emittent als Market Maker, sondern mehrere Market Maker, wie bei den ETFs üblich, betreuen den Fonds. Als Handelsteilnehmer stellen sie fortlaufend verbindliche An- und Verkaufspreise. Anleger profitieren so zum einen von einer hohen Liquidität und zum anderen von einer hohen Sicherheit in der Ausführung – auch bei größeren Volumina. Nicht zuletzt werden durch diese effiziente Konstruktion sowohl bei ETFs als auch bei ETCs die Kosten äußerst gering gehalten.

ETF, ETC, ETN – ein Überblick

ETF – Exchange Traded Fund:

Nicht gemanagter, passiv verwalteter Fonds, der börsennotiert einen bestimmten Index exakt abbildet. Er vollzieht die Performance eines Index automatisch nach. Kennzeichen: einfach, transparent, günstig, flexibel. ETFs werden wie Aktien an der Börse gehandelt. ETFs sind Sondervermögen und somit im Falle einer Insolvenz vor einem Gläubigerzugriff geschützt. Kein Emittentenrisiko.

ETC – Exchange Traded Commodity:

Börsengehandelte, unbefristete Wertpapiere, die Anlegern eine Investition in Rohstoffe und Waren (Commodities) erlauben. ETCs bilden den Index der Werte ab, in die investiert wird. Sie sind kein Sondervermögen, sondern eine besicherte Schuldverschreibung zum Teil mit Lieferanspruch auf die jeweilige Ware. Diese wird dann zur Absicherung physisch hinterlegt. Bekannteste Form: Gold-ETC. Einfacher Zugang zum Rohstoffmarkt.

ETN – Exchange Traded Note:
Neuer Wertpapiertyp mit erweiterten Möglichkeiten. ETNs ähneln den ETCs. Unterschied: Sie bilden Indizes einzelner Werte außerhalb des Rohstoffsektors ab. Beispiel: Devisen oder die Volatilität von Aktienmärkten. ETNs sind kein Sondervermögen, schaffen aber den Zugang zu exotischeren Wertpapieren.

Zehn Mythen um ETFs

Um ETFs ranken sich zahlreiche Mythen und Legenden. Deshalb will ich an dieser Stelle einige Vorurteile entkräften und falsche Vorstellungen aus dem Weg räumen. ETF-Anbieter verwenden die Abkürzung ETF auch gerne für einfach, transparent und flexibel. Trotz der einfachen Struktur von Indexfonds gibt es bei einer Investition einiges zu beachten. Im Folgenden erläutere ich die zehn größten Mythen um ETFs.

Mythos 1: ETFs bieten Steuervorteile gegenüber anderen Kapitalanlagen

Diese Aussage ist leider falsch. Bei ETFs werden Dividenden, Zinsen und Veräußerungsgewinne wie bei fast allen Kapitalanlagen seit Anfang 2009 mit einem Steuersatz von 25 Prozent zuzüglich Solidaritätszuschlag und gegebenenfalls Kirchensteuer versteuert. Anleger mit einem geringeren Steuersatz haben die Möglichkeit, zu viel gezahlte Steuern im Rahmen der Einkommensteuererklärung zurückzuholen. Für Indexfonds, die 2008 oder früher gekauft wurden, gilt allerdings ein Bestandsschutz.

Mythos 2: ETFs sind nur für langfristige Buy-and-Hold-Investoren sinnvoll

Vermutlich traf diese Aussage noch vor einiger Zeit auf ein Gros der ETF-Anleger zu. Gerade für eine langfristige Buy-and-Hold-Strategie eignen sich ETFs optimal. ETFs bieten aber bedeutend mehr und sind auch für die Erreichung kurzfristiger Renditeziele sehr geeignet. Anleger, die den DAX abbilden wollen, haben beispielsweise die Möglichkeit, mit Short-ETFs auf einen Marktrückgang zu setzen, oder sie können mit Leveraged-ETFs überproportional an der Indexentwicklung teilhaben.

Mythos 3: ETFs sind nur für schnelles Investieren geeignet

Auch diese Annahme über ETFs gibt es. Begründet wird sie damit, dass ETFs von Spekulanten dazu verwendet werden, schnell und günstig an kurzfristigen Trends teilhaben zu können, langfristig seien aber häufig aktiv gemanagte Fonds überlegen.

Dies ist so nicht richtig. Inzwischen wurde mehrfach wissenschaftlich erwiesen, dass weniger als die Hälfte der aktiv gemanagten Fonds kurz- und langfristig ihre Benchmark schlagen. Dies liegt unter anderem an den zum Teil sehr hohen Verwaltungsvergütungen bei den aktiv gemanagten Fonds.

Mythos 4: Der Kostenvorteil der ETFs ist marginal

Die Kosten von Indexfonds liegen je nach Anlageklasse zwischen 0,1 und 0,5 Prozent. Bei aktiven Fonds betragen sie zwischen 1,5 und 2 Prozent. Hierzu ein Beispiel: Gehen wir von einem ETF mit einer Kostenquote von 0,2 Prozent und einem aktiv gemanagten Fonds mit einer Kostenquote von 1 Prozent aus und vergleichen sie miteinander. Beide Fonds erreichen vor den Kosten die gleiche Performance (im Hinterkopf behalten wir, dass ETFs meistens die bessere Performance liefern).

Nach Berücksichtigung der Kosten sieht die Sache ganz anders aus, vor allem wenn man einen langen Zeitraum betrachtet. Nach 30 Jahren hat das ETF-Portfolio bei einer jährlichen Rendite von 5 Prozent knapp 400 Prozent zugelegt, das aktive Portfolio aufgrund der hohen Kostenquote jedoch nur um 325 Prozent. Bei höheren zu erwartenden Renditen verstärkt sich dieser Effekt dramatisch. Die Kosten einer Anlage fallen also gerade bei langfristigen Anlagezeiträumen überproportional stark ins Gewicht.

Mythos 5: Anleger sollten gehebelte ETFs meiden

In den letzten Monaten war viel Kritisches über Leveraged-ETFs zu lesen. Diese Hebel-ETFs sind relativ neu auf dem Markt und viele Anleger verstehen sie oft nicht richtig. Deshalb gab es viel Unmut und Kritik über diese Art der Indexfonds. Das Problem von Leveraged-ETFs ist, dass Anleger nicht das bekommen, was sie erwarten. Sie sehen nach einem Jahr in das Depot und wundern sich, dass ihr Leveraged-ETF mit Hebel zwei weit weniger als versprochen zugelegt hat. Dies liegt daran, dass gehebelte ETFs nur die jeweilige Tagesperformance mit Hebel abbilden. Bei längeren Zeiträumen führt dies dazu, dass sich der Hebel-ETF von der erwarteten Entwicklung mit Faktor zwei entkoppelt.

Dazu ein extremes Beispiel: Der DAX verliert an einem Tag 20 Prozent und gewinnt am nächsten Tag wieder 25 Prozent. Nach zwei Tagen steht der Index also wieder auf demselben Niveau wie zu Beginn der Betrachtung. Der Leveraged-ETF mit Hebel zwei verliert am ersten Tag 40 Prozent an Wert (zweimal 20 Prozent), zum Beispiel von 100 Euro auf 60 Euro, und gewinnt am zweiten Tag 50 Prozent (zweimal 25 Prozent), also von 60 Euro auf 90 Euro. Obwohl der Index wieder auf dem Ausgangsniveau notiert, liegt der Hebel-ETF um 10 Prozent unter dem Stand von vor zwei Tagen.

Mythos 6: Rohstoff-ETFs bilden aktuelle Marktpreise der Rohstoffe ab

Rohstoff-ETFs bieten einen einfachen Zugang zum Rohstoffmarkt. Viele Anleger glauben aber, dass Rohstoff-ETFs/ETCs die Entwicklung der Marktpreise eins zu eins abbilden. Dies ist falsch und liegt an der Struktur der meisten ETFs/ETCs. Diese ETFs/ETCs investieren aufgrund der hohen Lagerkosten für viele Rohstoffe nicht in den physischen Rohstoff, sondern versuchen die Entwicklung mittels der verfügbaren Futures abzubilden. Wird ein Futurekontrakt fällig, muss er in den nächsten Kontrakt „gerollt" werden. Dieses Vorgehen kann zu Rollgewinnen, aber auch zu Rollverlusten führen.

Mythos 7: ETFs bilden einen Index exakt nach

Anleger glauben, dass ETFs immer die entsprechenden Positionen des zugrunde liegenden Index in ihrem Portfolio halten. Dies stimmt aber häufig nicht. Viele ETFs bilden den Index mittels Swaps oder einer optimierten Aktienauswahl ab. Bei Swap-ETFs sind im ETF-Portfolio verschiedene Aktien enthalten. Mittels des Swappartners wird die Performance dieser im ETF gehaltenen Positionen gegen die des entsprechenden Index getauscht.

Eine optimierte Aktienauswahl wird bei Indizes mit einer großen Anzahl von Indexbestandteilen verwendet (z.B. beim MSCI World Index). Positionen mit einer geringen Gewichtung im Index werden nicht berücksichtigt, da diese sowieso keinen Einfluss auf die Indexentwicklung haben.

Mythos 8: Die Liquidität von ETFs macht Limit-Orders überflüssig

Richtig ist, dass viele ETFs, vor allem auf die großen Standardindizes, eine hohe Liquidität aufweisen. Teilweise bieten die Börsen deshalb schon einen ETF-Handel ganz ohne Spread an (z.B. die Börse Stuttgart). Limit-Orders sind aber dennoch nicht überflüssig. Gerade wenn man außerhalb der lokalen Handelszeiten oder abends handelt, sollte man unbedingt Limits setzen.

Zudem gibt es mittlerweile viele ETFs auf Nischenmärkte, bei denen das Handelsvolumen eher gering ist. Dort sind Limits grundsätzlich immer zu empfehlen.

Mythos 9: ETFs werden aktiv gemanagte Fonds in Zukunft komplett ersetzen

Analysten erwarten, dass das Wachstum der ETF-Branche auch in Zukunft weitergehen wird. Die Wachstumsraten werden aber mit der Zeit geringer ausfallen. Zudem haben aktiv gemanagte Fonds definitiv eine Daseinsberechtigung. Sie bieten Anlegern eine passgenaue Anlagestrategie genau dort, wo ETFs nicht geeignet sind. Zusätzlich wird es immer Fondsmanager geben, die ihre Benchmark schlagen. Insgesamt betrachtet werden aktiv gemanagte Fonds also noch lange eine dominierende Rolle spielen.

Mythos 10: ETFs und aktives Management passen nicht zusammen

Viele von den ETFs begeisterte Anleger meinen, dass diese strikt passive Indexkonzepte abbilden sollten. Das lässt sich auch daran erkennen, dass die meisten Assets in die bekannten großen Indizes investiert werden. Aktive Indexkonzepte werden nur als Beimischung angesehen. Es gibt aber auch immer mehr „aktive“ Indexkonzepte, die quantitative Ansätze verwenden und damit die Indexzusammensetzung festlegen. Dazu zählt beispielsweise die Familie der RAFI-Indizes, bei denen die Indexbestandteile nach fundamentalen Kriterien gewichtet werden.

Fazit: Zu jedem Kritikpunkt gibt es auch eine entgegengesetzte Meinung. Wichtig ist, dass Anleger sich intensiv mit der Funktion von ETFs auseinandersetzen. Nur so können Fehler oder Missverständnisse bereits im Vorfeld vermieden werden.

ETFs sind transparente, kostengünstige und einfache Anlageinstrumente. Allerdings verleiten diese Merkmale zahlreiche Anleger dazu, allzu euphorisch in den Markt einzusteigen und dabei wichtige Gebote der Geldanlage zu missachten. Deshalb stelle ich Ihnen die sieben Sünden der ETF-Anlage vor.

Die sieben Sünden der ETF-Anlage

Neid

Die große Zahl erfolgreicher Investoren erweckt bei vielen Anlegern Neid und zugleich die Hoffnung, mit einem geschickt platzierten Kauf von ETFs das schnelle Geld zu machen. Allerdings wird dabei häufig übersehen, dass bei den erfolgreichsten Investoren immer auch sehr viel Disziplin und Fleiß mit im Spiel sind.

Keiner wird als Investor geboren. Die Auseinandersetzung mit der Materie ist selbst bei vermeintlich „einfachen“ Produkten wie ETFs unabdingbar.

Zorn

Manchmal überrascht einen die Realität und ist so ganz anders als das, was man erwartet hat. Dies zeigt sich auch bei den ETF-Investments. Gerade als Neueinsteiger ist man davor nicht gefeit. Bei ersten Verlusten sollte man deshalb keinesfalls im Zorn ersticken und das Handtuch werfen, denn wie bereits erwähnt, darf man sich nicht auf das schnelle Geld verlassen. Wenn man seiner Strategie treu bleibt, muss man Rückschläge in Kauf nehmen. Die Kursschwankungen einiger ETFs können auf dem Weg zur erhofften Rendite für viel Aufregung sorgen.

Völlerei

Man sollte nicht allzu viel Nervenkraft darauf verschwenden, sich in Details zu verhaspeln. Die Märkte sind auch aus der Vogelperspektive undurchsichtig genug. Gerade ETFs erlauben Anlegern, die Märkte mit ein wenig Abstand zu beobachten und von allgemeinen „gröberen" Trends zu profitieren. Das Eindecken mit einer Vielzahl von Einzelwerten ist deshalb oftmals obsolet. Vielmehr sollte man sich bei der Wahl seiner ETFs auf Produkte beschränken, die man auch tatsächlich überblicken kann.

Wollust

Hals über Kopf einfach etwas zu kaufen, ist vielleicht eine attraktive Strategie für Rubbellose, aber nicht für ETF-Investments. Manchmal ist es ratsam, den ersten Entscheidungsimpuls zu zügeln und die Sachlage erst einmal zu überdenken. Oberstes Credo sollte sein: „Verstehe das, was du da tust!" Ein Blick in die Fachliteratur oder der Besuch eines

Seminars sollte obligatorisch für die Vorbereitung des ersten Investments sein. Dies schützt einen allerdings nicht davor, einmal einem misslungenen Investment nachzutrauern.

Habgier

Selbst wenn man alle Regeln beherzigt und fleißig seine Hausaufgaben erledigt: Achten Sie stets darauf, kein ungesundes Vertrauen in Ihre Fähigkeiten zu entwickeln. Kein Investor ist wirklich schlauer als der Markt. Auch wenn viele Anleger dies für sich reklamieren. Bleiben Sie stets wachsam und schrauben Sie die eigenen Erwartungen zurück. Dies bewahrt Sie vor herben Rückschlägen und allzu großer Enttäuschung.

Ignoranz

Jedes Investment hat ein Risiko. Darüber sollte sich jeder Investor im Klaren sein, alles andere wäre reine Ignoranz. Doch nicht jeder Investor schätzt das, was ein Risiko ist, gleichermaßen ein. Daher sollte man für sich vorab klären, welches Risiko man eingehen möchte, und danach die passende Anlagestrategie wählen. Es gibt auf dem Markt eine ganze Bandbreite passender ETFs. Sie reicht vom soliden Renten-ETF bis zu hoch riskanten Hasardeur-ETFs. Das Portfolio sollte stets mit dem eigenen Persönlichkeitsprofil und dem finanziellen Budget in Einklang stehen.

Hochmut

Nach einem gelungenen Investment kann man sich ruhig einmal selbst feiern und sich auch über seine geschickten Schachzüge freuen.

Allerdings sollte man dabei stets auf dem Teppich bleiben, einen kühlen Kopf bewahren und seine erfolgreiche Linie fortsetzen. Der nächste Rückschlag kommt bestimmt.

Um jedoch einen solchen Rückschlag zu vermeiden, stelle ich Ihnen im nächsten Kapitel ausgefeilte Portfoliokonzepte vor, die das gesamte Einsatzspektrum der ETFs zeigen.

ETF auf	Pauschal-gebühr	Ertrags-verwendung	WKN
Regionen (Fortsetzung)			
MSCI Europe Small Cap TRN Index	0,40	reinvestierend	DBX1AU
MSCI Europe TRN Index	0,30	reinvestierend	DBX1ME
MSCI Europe Value TRN INDEX	0,40	reinvestierend	DBX0FK
MSCI Pacific ex Japan TRN Index	0,15	reinvestierend	DBX1AF
MSCI Pan-Euro TRN Index	0,30	reinvestierend	DBX0B7
MSCI World TRN Index	0,45	reinvestierend	DBX1MW
S&P Select Frontier	0,95	reinvestierend	DBX1A9
STOXX® Europe 600	0,20	reinvestierend	DBX1A7
STOXX® Global Select Dividend 100	0,50	ausschüttend	DBX1DG
Sektoren			
FTSE EPRA/NAREIT DEVELOPED EUROPE REAL ESTATE	0,40	reinvestierend	DBX0F1
FTSE EPRA/NAREIT Eurozone Real Estate	0,35	reinvestierend	DBX0FY
S&P Global Infrastructure	0,60	reinvestierend	DBX1AP
Alternativ			
LPX MM Private Equity	0,70	reinvestierend	DBX1AN
Portfolio Total Return Index	0,72	reinvestierend	DBX0BT
Themen			
DJ Islamic Market Titans 100SM	0,50	reinvestierend	DBX1A6
S&P 500 Sharia	0,50	reinvestierend	DBX1A5
S&P Europe 350 Sharia	0,50	reinvestierend	DBX1A3
S&P Japan 500 Sharia	0,50	reinvestierend	DBX1A4
Rohstoffe			
DB Commodity Booster – DJ-UBSCISM (EUR)	0,95	reinvestierend	DBX0CZ
DB Commodity Booster Light Energy Benchmark Euro	0,95	reinvestierend	DBX0B4
DBLCI – OY Balanced	0,55	reinvestierend	DBX1LC
Geldmarkt			
EONIA TR Index	0,15	reinvestierend	DBX0AN
EONIA TR Index	0,15	ausschüttend	DBX0A2
FED Funds Effective Rate TR Index	0,15	reinvestierend	DBX0A0
SONIA TR Index	0,15	reinvestierend	DBX0A1
Pfandbriefe			
iBoxx® Germany Covered TR Index	0,15	reinvestierend	DBX0AX
Renten			
Emerging Markets Liquid Eurobond Index	0,55	reinvestierend	DBX0AV
iBoxx® Euro Germany TR Index	0,15	ausschüttend	DBx0C7
iBoxx® Euro Germany 1–3 TR Index	0,15	ausschüttend	DBX0C9
iBoxx® Euro Inflation-linked TR Index	0,20	reinvestierend	DBX0AM
iBoxx® Euro Liquid Corporate 100 Financials Sub-Index TR	0,20	reinvestierend	DBX0E8
iBoxx® Euro Liquid Corporate 100 Non-Financials Sub-Index TR	0,20	reinvestierend	DBX0E6
iBoxx® Euro Liquid Corporate 100 Total Return Index	0,20	reinvestierend	DBX0EY
iBoxx® Euro Sovereigns Eurozone AAA TR Index	0,15	reinvestierend	DBX0FE
iBoxx® Euro Sovereigns Eurozone TR Index	0,15	reinvestierend	DBX0AC
iBoxx® Euro Sovereigns Eurozone 1–3 TR Index	0,15	reinvestierend	DBX0AD
iBoxx® Euro Sovereigns Eurozone 3–5 TR Index	0,15	reinvestierend	DBX0AE
iBoxx® Euro Sovereigns Eurozone 5–7 TR Index	0,15	reinvestierend	DBX0AF
iBoxx® Euro Sovereigns Eurozone 7–10 TR Index	0,15	reinvestierend	DBX0AG
iBoxx® Euro Sovereigns Eurozone 10–15 TR Index	0,15	reinvestierend	DBX0AH
iBoxx® Euro Sovereigns Eurozone 15+ TR Index	0,15	reinvestierend	DBX0AJ
iBoxx® Euro Sovereigns Eurozone 25+ TR Index	0,15	reinvestierend	DBX0AK
iBoxx® Euro Sovereigns Eurozone Yield Plus Index	0,15	reinvestierend	DBX0HM
iBoxx® Global Inflation-linked TR Index Hedged	0,25	reinvestierend	DBX0AL
Währungen			
Currency Carry	0,30	reinvestierend	DBX1AY
Currency Momentum	0,30	reinvestierend	DBX1AX
Currency Returns	0,30	reinvestierend	DBX1AZ
Currency Valuation	0,30	reinvestierend	DBX1AW

Weitere Informationen

Deutsche Bank AG
Große Gallusstraße 10-14
60311 Frankfurt am Main

Hotline: +49 69 910 30549
Internet: www.dbxtrackers.com
E-Mail: info.dbx-trackers@db.com

Kapitel 5

Portfoliokonzepte: Strategien für jeden Anleger

In diesem Teil des Buches geht es darum, wie Anleger das Wissen aus den vorangegangenen Kapiteln in die Praxis umsetzen können. Zunächst wenden wir uns dafür erprobten Anlagestrategien zu. Anschließend stelle ich Portfoliokonzepte auf der Basis von ETFs vor, die das Spektrum von defensiv bis Wachstum abdecken.

Was ist eine Anlagestrategie?

Eine Anlagestrategie beschreibt das Kaufen und Verkaufen von Wertpapieren durch eine geplante, längerfristig ausgerichtete Vorgehensweise zur Erzielung eines möglichst hohen Gewinns an den Finanzmärkten. Die Strategie richtet sich neben objektiven Kriterien, die die fundamentale und die technische Wertpapieranalyse sowie die allgemeinen Aussichten zur Konjunktur-, Zins- und Wechselkursentwicklung liefern, auch nach der finanziellen Situation und den persönlichen Präferenzen des Anlegers.

Strategiearten im Überblick

Value-Strategie	**Size-Strategie**
Growth-Strategie	**Short-Selling-Strategie**
Momentum-Strategie	**Buy-and-Hold-Strategie**
Contrarian-Strategie	**Core-Satellite-Strategie**
Dividendenstrategie	**Rebalancing-Strategie**
RAFI-Strategie	**Trendfolge-Strategie**

Es gibt normalerweise drei verschiedene Anlegertypen. Diese hängen eng mit dem Anlagehorizont zusammen, also der geplanten Dauer des eigentlichen Investments: Es sind der spekulative Anleger, der mittelfristige Anleger und der konservative Anleger. Diese unterscheiden sich sehr stark durch die Gewichtung der verschiedenen Anlageklassen, in die sie investieren.

Value-Strategie

Hinter der Value-Strategie steht die Idee, dass an der Börse Unternehmen zu finden sind, deren wahre Werte gegenwärtig noch unentdeckt sind. Diese werthaltigen Unternehmen versucht der Value-Investor aufzuspüren. Ein Value-ETF auf einen Index wählt beispielsweise nur die Werte aus, die häufig ein niedriges Kurs-Buchwert-Verhältnis aufweisen und damit eine fundamentale Unterbewertung signalisieren können. Solche Unternehmen zeichnen sich in der Regel durch eine gute Marktposition, überdurchschnittliche Profitabilität und eine stabile Gewinnentwicklung aus. Unter diesen Value-Aktien filtert der Investor dann diejenigen heraus, die er gegenwärtig an der Börse für unterbewertet hält im Vergleich zu ähnlichen Unternehmen. Der Value-Investor spekuliert also darauf, dass der Markt die Werthaltigkeit der Gesellschaft noch nicht erkannt hat, dies aber tun wird. Die beschriebene Analyse erfordert viel unabhängige Recherche und Erfahrung. Die Ikone der Value-Investoren, der amerikanische Multimilliardär Warren Buffett, hat dieser Aufgabe seine gesamte Lebenszeit gewidmet und beschäftigt heute einen ganzen Stab von Mitarbeitern dafür.

Die mögliche Unterbewertung einzelner Unternehmen wird durch die Analyse verschiedener fundamentaler Kennzahlen ermittelt. Hierzu zählen beispielsweise das Kurs-Gewinn-Verhältnis, das Marktwert-Buchwert-Verhältnis, die Dividendenrendite und das Gewinnwachstum.

Growth-Strategie

Anders als der Value-Ansatz konzentriert sich die Growth-Strategie weniger auf die Analyse von Einzelunternehmen als auf die Betrachtung ganzer Branchen. Der Growth-Investor versucht, frühzeitig zukünftige Wachstumsmärkte zu erkennen und dann die Unternehmen mit der höchsten Wachstumsdynamik auszuwählen. Ein ETF, der diese Strategie verfolgt, wählt die Unternehmen eines Index aus, deren Gewinnwachstum das höchste Niveau aufweisen. Das sind oft die Gesellschaften, die sich schon früh größere Anteile an einem boomenden Markt sichern konnten und von ihrer relativen Größe profitieren. Da der Growth-Investor aber möglichst früh solche Potenziale zu erkennen versucht, beruhen seine Entscheidungen hauptsächlich auf Erwartungen und weniger auf bereits bewährten Geschäftsmodellen wie bei Value-Titeln. So werden bei der Growth-Strategie oft Gewinne mit Aktien erzielt, deren Unternehmen noch gar keine schwarzen Zahlen schreiben. Umso wichtiger ist es für einen erfolgreichen Growth-Investor, eine Aktie systematisch abzustoßen, sobald das Unternehmen seine Wachstumshoffnungen enttäuscht.

Momentum-Strategie

Hinter der Momentum-Strategie steht die Beobachtung, dass Aufwärtstrends bei Aktien oft aus längeren Seitwärtsbewegungen und kürzeren Aufschwungphasen bestehen. Der Momentum-Investor versucht, die Seitwärtsbewegungen möglichst auszusparen und die Phasen der Kursgewinne mitzunehmen. Dabei profitiert er auch von der Tatsache, dass einmal eingeschlagene Kurstrends mit höherer Wahrscheinlichkeit andauern, als dass sie enden. Der Momentum-Investor kauft also vor allem Aktien, von denen er in Kürze einen beschleunigten

Anstieg erwartet. Als Hilfsmittel dienen ihm dabei vorwiegend technische Kriterien, allen voran der Momentum-Indikator. Dieser zeigt an, wann sich der Kursanstieg einer Aktie beschleunigt.

Integraler Bestandteil dieser Strategie ist auch der Einsatz sogenannter Stop-Loss-Marken. Diese Verkaufslimits werden ausgelöst, sobald eine Aktie ein bestimmtes Kursniveau unterhalb des bisherigen Kurses erreicht. Damit versucht der Momentum-Anleger, seine Verluste zu begrenzen, falls eine Aufschwungphase unerwartet endet. Die Momentum-Strategie wird auch im Bereich der Devisen, also Fremdwährungen, angewendet.

Contrarian-Strategie

Während Momentum-Anleger gleichlaufend mit dem Markttrend agieren, versuchen die Anhänger der Contrarian-Strategie genau das Gegenteil. Ihr Ideal ist es, antizyklisch zu handeln, das heißt zu kaufen, wenn die Mehrzahl der Marktteilnehmer pessimistisch ist, und wieder zu verkaufen, sobald die Euphorie ihren Höhepunkt erreicht hat.

Dahinter steht die Idee, dass die Kurswende nahe ist, wenn alle Marktteilnehmer dasselbe tun. Kaufen alle zu steigenden Kursen, werden dem Markt irgendwann die Käufer ausgehen. Verkaufen alle zu fallenden Kursen, gibt es irgendwann keine Abgabebereitschaft mehr, so weit die Theorie. In der Realität ist die Contrarian-Strategie aber kaum durchzuhalten.

Auch die auf der Börsenpsychologie aufbauende Sentimentanalyse liefert keine verlässlichen Anzeichen für eine Kurswende. Und permanent gegen den Strom zu schwimmen, fordert dem sogenannten Contrarian eine fast übermenschliche Psyche ab. Außerdem kann ein solcher Anleger nur schwer mit langfristig steigenden oder fallenden Aktien umgehen.

EXKURS: Sentimentanalyse

Die Sentimentanalyse ist ein Indikator zur Bewertung der allgemeinen Stimmung der Marktteilnehmer und kommt bei der technischen Analyse zur Anwendung. Dieser Methode liegt die Annahme zugrunde, dass sich die Mehrzahl der Investoren meistens auf der falschen Seite befindet und daher langfristig immer ihr Kapital verliert. Eingesetzt wird die Sentimentanalyse nur bei Trendwechselbestimmungen.

Dividendenstrategie

Die Dividendenstrategie wird gerne bei der Aktienanlage angewendet. Dabei wird gezielt in Wertpapiere von Unternehmen investiert, die eine hohe Dividendenrendite aufweisen. Der Grund, warum man gerade auf die Dividende so viel Wert legt, beruht auf der Überlegung, dass ein Unternehmen, das eine hohe Dividende ausschütten kann, auch viel Gewinn macht und damit erfolgreich und wettbewerbsfähig ist. Daher geht man davon aus, dass diese Unternehmen den Markt langfristig schlagen werden. Die Grundversion der Dividendenstrategie geht zurück auf Benjamin Graham, der die Strategie in den 30er-Jahren des letzten Jahrhunderts entwickelte. Er empfahl schlicht und einfach, aus einem Index (damals dem Dow Jones) die zehn Werte mit der höchsten Dividendenrendite auszuwählen und ein Jahr lang zu halten. Im Anschluss daran soll man die Werte überprüfen und eventuell austauschen.

RAFI-Strategie

Bei dieser Strategie erfolgt die Auswahl und Gewichtung der im Index vertretenen Aktien nach fundamentalen Kriterien und nicht nach der

Marktkapitalisierung. Im Jahr 2002 stellte das Unternehmen „Research Affiliates“ seine „Fundamental Index Strategy“ vor, mit den Kennzahlen Umsatz, Cashflow, Buchwert und Höhe der Dividendenzahlung zur Festlegung und Gewichtung der Aktien in einem Index. Mit ihr soll sowohl in Bären- als auch in Bullenmärkten eine bessere Wertentwicklung als bei Indizes nach der Marktkapitalisierung erzielt werden.

Der Grundgedanke dieses Ansatzes ist einfach. Er befindet sich nur schon deshalb auf schwankendem Boden, weil die Kennzahlen die Vergangenheit wiedergeben und nicht den Markt. Es werden fundamentale Daten für die Kursentwicklung herangezogen. Der Ansatz steht damit im Gegensatz zu den Grundsätzen der Portfoliotheorie, denn danach soll auch der Markt geschlagen werden. Mit der RAFI-Strategie wird der Bereich des rein passiven Indexinvestments verlassen, allerdings ist sie auch kein klassisches Indexprodukt mehr. Gleichzeitig werden dabei – teilweise offensichtliche – Marktübertreibungen wie der Internethype der New-Economy-Ära eliminiert.

Size-Strategie

Die Size-Strategie kommt bei den sogenannten „Blue Chips“ zum Einsatz. Als Blue Chips oder Standardwerte werden umsatzstarke Aktien großer Unternehmen bezeichnet, auf deren Kursentwicklung führende Indizes beruhen. Sie zeichnen sich durch ein hohes Handelsvolumen und ein größeres Engagement institutioneller Investoren aus. Blue Chips an der deutschen Börse sind etwa BASF, Siemens, Volkswagen oder Allianz.

Mid Caps, die englische Bezeichnung für Aktiengesellschaften mit einer „mittleren Börsenkapitalisierung“, eignen sich ebenfalls hervorragend für die Anwendung einer Size-Strategie. Meist weisen Mid Caps auch ein geringeres Handelsvolumen auf als marktführende Titel („Blue Chips“).

Am deutschen Aktienmarkt werden Papiere mit einem Börsenwert in der Größenordnung von einer bis fünf Milliarden Euro als Mid Caps bezeichnet. Als solche werden die 70 Unternehmen im Börsenindex MDAX eingestuft. Sie folgen in der Rangfolge des Börsenwerts den 30 Standardtiteln, die im DAX erfasst sind. Mid Caps zeichnen sich im Gegensatz zu Large Caps in der Regel durch eine höhere Volatilität aus. Dieses höhere Risiko wird durch eine Reihe fundamentaler Vorteile beziehungsweise Chancen aufgewogen. Mid Caps haben durch ihre geringere Größe eine größere Wachstumsstärke, sind flexibler und anpassungsfähiger als Large Caps und oft das Ziel von Übernahmen, bieten also insgesamt ein höheres Kurspotenzial.

Small Caps sind kleine Unternehmen an der Börse und auch mit ihnen lässt sich die Size-Strategie umsetzen. Die Aktien dieser Unternehmen lassen der Spekulation reichlich Raum und unterliegen stärkeren Schwankungen als mittlere und große Werte. Dies bringt ein größeres Kurspotenzial mit höheren Gewinnen als Large und Mid Caps, aber auch ein sehr viel höheres Risiko. Letzteres wird noch dadurch verstärkt, dass die Analyse von Small-Cap-Unternehmen sehr viel aufwendiger ist als von größeren Unternehmen, da in kleineren Unternehmen die Finanzkommunikation weniger ausgeprägt ist. Diese Theorie beruht auf statistischen Untersuchungen historischer Kursdaten, deren Ergebnisse allerdings nicht auf die Zukunft übertragbar sind.

Short-Selling-Strategie

Unter Short Selling oder Leerverkauf versteht man den Verkauf eines Wertpapiers, das der Verkäufer zum Verkaufszeitpunkt nicht besitzt. Der Verkäufer profitiert von dem Leerverkauf, wenn der verkaufte Gegenstand im Preis sinkt. Ein Leerverkauf kann als Kassageschäft ausgestaltet sein, bei dem der Verkäufer die Wertpapiere bei einem Broker leiht und in relativ kurzer Frist (zwei bis drei Tage) nachliefern muss, oder als Termingeschäft erfolgen.

Short-Selling-Fonds leihen sich nach ihrer Einschätzung überbewertete Aktien für eine festgelegte Zeit und verkaufen diese sofort am Markt. Sie rechnen damit, die Aktien zu einem späteren Zeitpunkt billiger zurückzukaufen. Die aus dem Verkauf der Aktien erlösten Mittel werden in der Regel in anderen Papieren angelegt, die dann vor allem der Besicherung des Rückkaufs der Wertpapierleihe dienen. Einen Verlust erleidet ein Short Seller, wenn er sich in seinen Annahmen geirrt hat und die geliehenen Aktien im Wert steigen. Dann muss er diese Papiere zu einem höheren Kurs zurückkaufen.

Neben der Spekulation eignet sich der Leerverkauf von Wertpapieren auch als Absicherungsgeschäft von Positionen. So lassen sich die Verluste einer Long-Position mit den Gewinnen der Short-Position ausgleichen oder umgekehrt. Mit Short-ETFs kann der zugrunde liegende Index invers abgebildet werden. Eine negative Entwicklung des Index führt zu einer positiven Entwicklung des Short-ETF und umgekehrt. Zudem enthält der Index zweimal den Ertrag des Tagesgeldzinssatzes (EONIA).

Buy-and-Hold-Strategie

Buy and Hold steht für eine passive Anlagestrategie, die auf Schwankungen am Aktienmarkt überhaupt nicht reagiert. Es erfolgt keine aktive Auswahl von Einzeltiteln (Stock-Picking). So sind in der reinen Indexlehre auch keine Stop-Loss-Orders zugelassen. Die Buy-and- Hold-Strategie bezeichnet die Vorgehensweise von Investoren mit langfristigem Zeithorizont. Ziel ist nicht die kurzfristige Realisation von Kursgewinnen durch den Verkauf über Einstandskurs, sondern ein langfristiger Vermögenszuwachs durch nachhaltige Kurssteigerungen der erworbenen Papiere.

Core-Satellite-Strategie

Der große Hauptanteil (Kern oder Core) des zu investierenden Kapitals wird breit diversifiziert, wie zum Beispiel in den STOXX Europe 600. Dies ist ein nach der Marktkapitalisierung der enthaltenen 600 Unternehmen gewichtender Index. Er umfasst die größten Unternehmen aus 17 europäischen Ländern, bietet also eine sehr breite Vielfalt. Daneben werden kleinere Teile des Kapitals („die Satelliten") in Anlagen mit höheren und teilweise sogar sehr hohen Risiken investiert. Vorstellbar ist hier beispielsweise die Beimischung eines Emerging-Market-ETF oder einzelner Schwellenländer-ETFs. Je höher der Anteil der Satelliten, desto risikoreicher ist das Gesamtinvestment.

Mit dem Core-Satellite-Ansatz wird häufig auch eine Mischung zwischen aktiver und passiver Anlagestrategie beschrieben. So kann ein Indexfonds (ETF) auch „aktive" Elemente enthalten. Dabei soll der größte Teil des Kapitals nach wie vor in breit diversifizierte Anlagemärkte investiert werden. Dadurch wird das Risiko reduziert und Stabilität zum Vergleichsindex hergestellt.

Mit dem kleineren Teil des Portfolios, den sogenannten Satelliten, wird nun „aktiv" versucht, über den Kernbereich des Portfolios hinaus zusätzliche Erträge zu erzielen. Dafür fällt dann eine Managementgebühr an. Die Kombination von passiver Vermögensanlage auf der einen Seite und aktivem Fondsmanagement auf der anderen Seite bedeutet aber auch, dass die rein passive Vermögensanlage verlassen wird.

Rebalancing-Strategie

Rebalancing ist die einfachste Methode, antizyklisch, also gegen den Trend, zu investieren. Dabei wird als Ergebnis einer Analyse eine grundsätzliche Aufteilung des Kapitals in verschiedene Anlagen vorgenommen.

Diese Aufteilung soll während der gesamten Anlagedauer beibehalten werden. Da die verschiedenen Kapitalanlagen sich im Wert aber unterschiedlich entwickeln, verändert sich die ursprüngliche Gewichtung ständig.

Beim Rebalancing wird deshalb in festgelegten Zeiträumen, beispielsweise jährlich, durch Umschichtungen die veränderte Gewichtung wieder auf die Ursprungsverteilung zurückgeführt. Entwickeln sich einzelne Fonds besonders ertragreich, dann werden die Gewinne realisiert und die Gewichtung wiederhergestellt.

Das einfache Beispiel eines Anlageportfolios mit drei ETFs zeigt dies. Die Gewichtung wird ex ante vorgegeben und soll unter dem Gesichtspunkt Rebalancing zu definierten Zeitpunkten wiederhergestellt werden:

Januar

Name	Anzahl	Preis einzeln	Wert gesamt	Gewichtung im Portfolio
ETF 1	100	50,00 EUR	5.000,00 EUR	50,00 %
ETF 2	100	30,00 EUR	3.000,00 EUR	30,00 %
ETF 3	100	20,00 EUR	2.000,00 EUR	20,00 %
Summe	**300**		**10.000,00 EUR**	**100,00 %**

Juni: Aktienkursbewegungen haben die Gewichtung verändert

Name	Kursveränderung	Preis einzeln	Wert gesamt	Gewichtung im Portfolio
ETF 1	-10 %	45,00 EUR	4.500,00 EUR	42,46 %
ETF 2	+10 %	33,00 EUR	3.300,00 EUR	31,13 %
ETF 3	+40 %	28,00 EUR	2.800,00 EUR	26,41 %
Summe			**10.600,00 EUR**	**100,00 %**

Juni: Im Zuge des Rebalancing wird durch Kauf beziehungsweise Verkauf bestimmter Wertpapiere die alte Gewichtung wiederhergestellt

Name	Nachkauf/ Verkauf	Preis einzeln	Wert gesamt	Gewichtung im Portfolio
ETF 1	Nachkauf 18 Stück	45,00 EUR	5.300,00 EUR	50,00 %
ETF 2	Verkauf 4 Stück	33,00 EUR	3.180,00 EUR	30,00 %
ETF 3	Verkauf 25 Stück	28,00 EUR	2.120,00 EUR	20,00 %
Summe			**10.600,00 EUR**	**100,00 %**

Trendfolge-Strategie

Trendfolge-Handelsansätze versuchen, gewinnbringend in bereits erkennbare Kurstrends einzusteigen, indem sie bei steigenden Kursen kaufen und bei fallenden Kursen – wenn es das Anlageinstrument zulässt – leer verkaufen (short gehen). Sie steigen wieder aus, sobald der Trend „bricht". Weil es naturgemäß unmöglich ist, einen Trend zu erkennen, bevor er sich ausgebildet hat, nennt man Trendfolger oft auch „Trittbrettfahrer". Sie nehmen es in Kauf, nicht die gesamte Bewegung – also vom tiefsten Tief eines Kurses bis zu seinem höchsten Hoch – mitzumachen, sondern immer nur einen Teil davon. Trendfolge hat also nichts mit Techniken zu tun, die auf der versuchten Antizipation von Trends beruhen.

Investoren, die dieser Anlagestrategie folgen, nehmen an, dass bestimmte Börsenindikatoren helfen, bestehende Trends zu untersuchen und zu erkennen, ob der Trend dauerhaft ist oder vor einer Wende steht. Man unterscheidet grundsätzlich zwei Arten von Indikatoren: Trendfolge-Indikatoren wie der gleitende Durchschnitt helfen die Richtung bestehender Trends zu bestimmen und festzustellen, wann ein Trendwechsel eintritt. Fällt beispielsweise der Aktienkurs unter den Durchschnitt der letzten 100 Tage, so ist das bei Beachtung dieses Indikators ein Signal zum Verkauf der Aktie. Oszillatoren versuchen, einen Hinweis darauf zu geben, ob der Markt einen bestimmten Extremwert, also Tief- oder Hochpunkt, erreicht hat. Der Vorteil von Oszillatoren besteht darin, dass sie sich antizipatorisch verhalten. Sie geben oft rechtzeitige Hinweise auf eine bevorstehende Trendwende.

Portfoliostrategien – erfolgreich in ETFs investieren

In diesem Abschnitt zeige ich Ihnen, wie Sie erfolgreich in ETFs investieren können. Die Musterportfolios wurden nach den wissenschaftlichen Erkenntnissen der modernen Portfoliotheorie entwickelt. Drei unterschiedliche Risikoprofile für jeden Anlegertyp stehen zur Wahl. Bei den Beispielen habe ich darauf geachtet, dass sie leicht von Privatanlegern nachvollzogen und umgesetzt werden können. Alle Portfolios können mit etwa zehn Indexfonds abgebildet werden. Dies ermöglicht eine Realisation der Strategien ab einem Betrag von 20.000 Euro.

ETF-Portfolio Defensiv

Das Defensiv-Portfolio zeichnet sich durch einen hohen Rentenanteil von 60 Prozent aus. Davon werden zwei Drittel in europäische Staatsanleihen beziehungsweise deutsche Pfandbriefe investiert. Der Rest ist auf europäische Unternehmensanleihen und globale, inflationsgesicherte Renten-ETFs aufgeteilt. Der Aktienanteil fällt mit 15 Prozent defensiv aus und ist auf die beiden Hauptmärkte Europa und USA mit 8 beziehungsweise 7 Prozent verteilt. Zur Diversifikation werden 5 Prozent Immobilien-REITs und 5 Prozent Rohstoffe beigemischt. 15 Prozent des Portfolios werden in den Geldmarkt investiert.

Gewichtung Musterportfolio Defensiv

Stand: 30.12.2009

Aufteilung der Anlageklassen

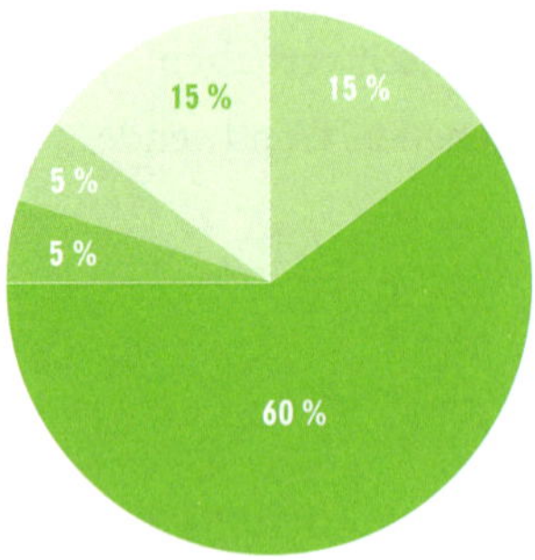

15 %	Aktien
60 %	Renten
5 %	Immobilien
5 %	Rohstoffe
15 %	Geldmarkt

Aufteilung der Produkte

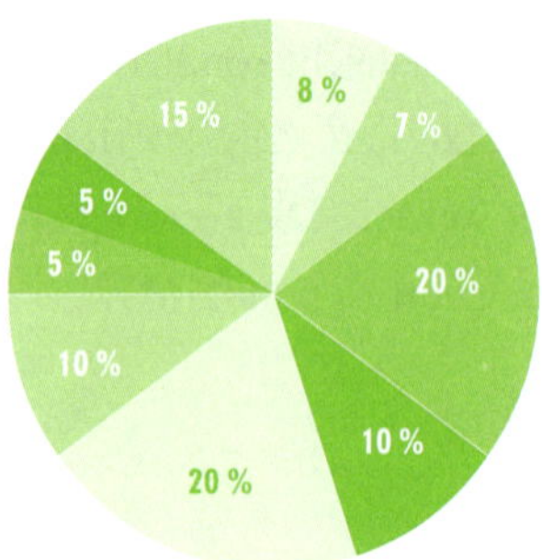

8 %	MSCI Europe
7 %	MSCI USA
20 %	iBoxx EUR Sovereign Eurozone
10 %	iBoxx EUR Liquid Corporates
20 %	eb.rexx Jumbo Pfandbriefe
10 %	iBoxx Global Inflation-Linked Hedged
5 %	FTSE EPRA/NAREIT Dev. Property
5 %	DB Liquid Commodity OY Balanced
15 %	EONIA Total Return

ETF-Portfolio Balance

Beim Balance-Portfolio wird auf eine ausgewogene Aufteilung des Vermögens auf die Hauptanlageklassen geachtet. So sind Aktien, Renten und andere Investments mit jeweils circa einem Drittel gewichtet. Der Aktienanteil beträgt 35 Prozent und teilt sich mit jeweils 10 Prozent auf die Märkte Europa, USA und Emerging Markets auf, 5 Prozent werden in japanische Aktien investiert. Der Rentenanteil des Portfolios beträgt 30 Prozent und wird in Unternehmensanleihen (10 Prozent) und deutsche Pfandbriefe (20 Prozent) angelegt. In die alternativen Anlageklassen Immobilien und Rohstoffe gehen je 10 Prozent, ein Währungsfonds und ein Geldmarktfonds sind mit 5 beziehungsweise 10 Prozent gewichtet.

Gewichtung Musterportfolio Balance

Stand: 30.12.2009

Aufteilung der Anlageklassen

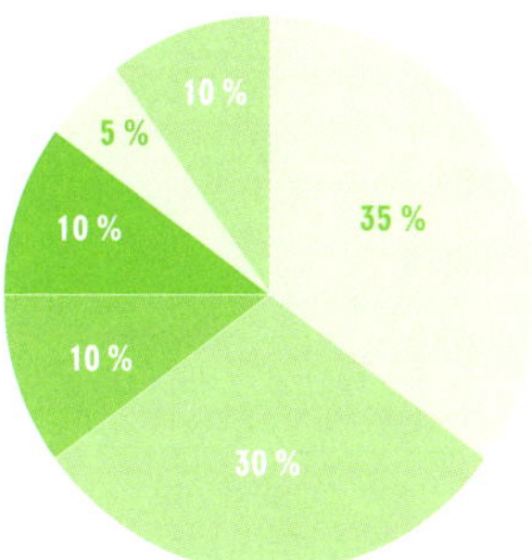

35 %	Aktien
30 %	Renten
10 %	Immobilien
10 %	Rohstoffe
5 %	Währungen
10 %	Geldmarkt

Aufteilung der Produkte

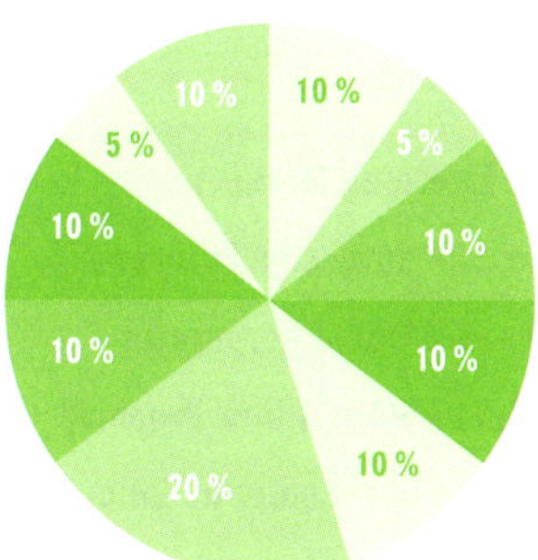

10 %	MSCI Europe
5 %	Nikkei 225
10 %	MSCI USA
10 %	MSCI Emerging Markets
10 %	iBoxx EUR Liquid Corporates
20 %	eb.rexx Jumbo Pfandbriefe
10 %	FTSE EPRA/NAREIT Dev. Property
10 %	DB Liquid Commodity OY Balanced
5 %	DB Currency Returns
10 %	EONIA Total Return

ETF-Portfolio Wachstum

Das Wachstumsportfolio zeichnet sich durch einen hohen Aktienanteil (60 Prozent) aus, der folgendermaßen auf die globalen Aktienmärkte aufgeteilt wird: Europa (15 Prozent), USA (15 Prozent), Emerging Markets (15 Prozent), Japan (8 Prozent), Pazifik ex-Japan (7 Prozent).

Gewichtung Musterportfolio Wachstum

Stand: 30.12.2009

Aufteilung der Anlageklassen

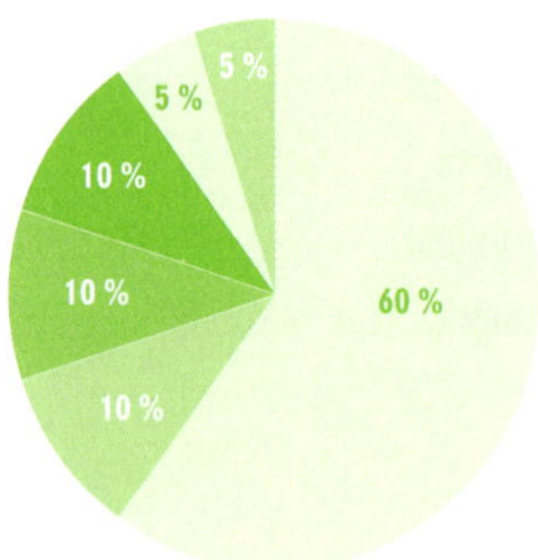

60 %	Aktien
10 %	Renten
10 %	Immobilien
10 %	Rohstoffe
5 %	Währungen
5 %	Geldmarkt

Aufteilung der Produkte

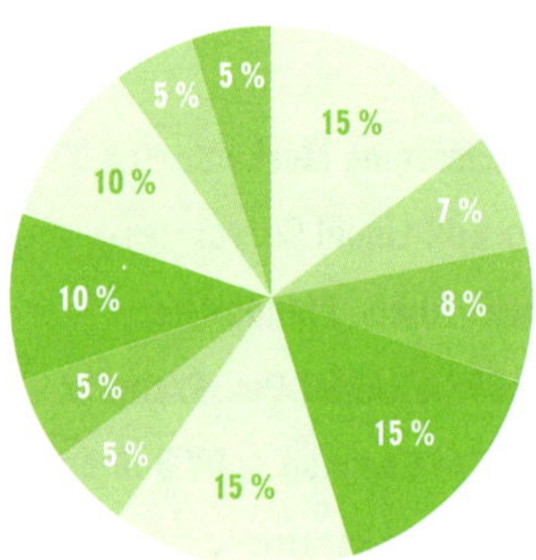

15 %	MSCI Europe
7 %	MSCI Asia-Pacific ex-Japan
8 %	Nikkei 225
15 %	MSCI USA
15 %	MSCI Emerging Markets
5 %	iBoxx EUR Sovereign Eurozone
5 %	iBoxx EUR Liquid Corporates
10 %	FTSE EPRA/NAREIT Dev. Property
10 %	DB Liquid Commodity OY Balanced
5 %	DB Currency Returns
5 %	EONIA Total Return

Der Rentenanteil fällt mit zehn Prozent eher gering aus. Diese zehn Prozent werden je zur Hälfte in europäische Staatsanleihen und Unternehmensanleihen investiert. Immobilien und Rohstoffe sind ebenso mit jeweils zehn Prozent und Währungen mit fünf Prozent gewichtet. Der Geldmarkt ist mit fünf Prozent im Portfolio vertreten.

Ferner prognostizieren Analysten ein Ansteigen von ETF-Dachfonds, da immer mehr Anleger zwar die Vorteile der ETFs nutzen möchten, jedoch eine gemanagte Anlagelösung bevorzugen.

Weitere Beispiele für standardisierte ETF-Investments

ETF-Dachfonds

ETF-Dachfonds haben sich in Deutschland etabliert. Das Spektrum reicht von „aktiv gemanagt" bis „streng regelbasiert". Für Anleger, die ihre ETF-Anlage nicht selbst in die Hand nehmen wollen, stellen wir an dieser Stelle drei am Markt verfügbare Lösungen vor. Als die Fondsgesellschaft VERITAS im April 2007 den ersten ETF-Dachfonds in Deutschland auf den Markt brachte, stellten sich nicht wenige Marktteilnehmer die Frage, ob eine solche Konstruktion wirklich sinnvoll ist. Rund drei Jahre später ist die Skepsis gewichen.

Der von VERITAS entwickelte Dachfonds blickt trotz der vergangenen Finanzmarktkrise und der Marktturbulenzen auf eine bemerkenswerte Performance zurück. Mittlerweile gibt es mehrere Anbieter von Dach-ETFs, die mit unterschiedlichen Ansätzen um die Gunst der Anleger buhlen.

Beim ETF-Dachfonds von VERITAS handelt es sich um eine Anlage, die die Vorteile passiver Indexprodukte mit den Vorzügen eines aktiven Managements kombiniert. Das Fondsmanagement investiert in börsengehandelte Indexfonds, die wiederum bestimmte Aktien-, Rohstoff-, Geldmarkt- oder Rentenmärkte abbilden. Der Vorteil dabei ist, dass man mit ETFs blitzschnell Positionen in unterschiedlichen Märkten auf- oder abbauen kann.

ETFs sind über die Börse einfach und kostengünstig handelbar und bieten zudem eine stetige und transparente Preisfeststellung. Um zu bestimmen, welche Märkte und Anlageklassen im jeweiligen Umfeld am aussichtsreichsten sind, nutzt VERITAS ein hauseigenes Trendphasenmodell, das sowohl auf Wochen- als auch auf Tagesbasis Empfehlungen abgibt. Darauf aufbauend werden dann die passenden ETFs selektiert. Dabei kann die Aktien- und Rentenquote zwischen 0 und 100 Prozent variieren.

Durch aktive Steuerung über verschiedene Anlageklassen und Anlageregionen haben es die Fondsmanager geschafft, mit ihrem ETF-Dachfonds auch in schwierigen Marktphasen beachtliche Resultate zu erzielen. Während der Finanzmarktkrise war die oberste Priorität, das Kapital der Anleger zu erhalten und Kursrückgänge weitestgehend zu vermeiden. Rechtzeitig wurde daher die Aktienquote heruntergefahren. Im Februar 2009, die Baisse steuerte gerade auf ihren Tiefpunkt zu, tendierte sie gar gegen null. Mit der Erholung an den Aktienmärkten ab Mitte März 2009 hat sich auch die Portfoliostruktur des Dachfonds zugunsten steigender Aktienquoten wieder verändert. Ende Februar 2010 lag sie bei rund 73 Prozent. Seit seiner Auflage im April 2007 bis Ende Februar 2010 hat der VERITAS ETF-Dachfonds knapp 25 Prozent hinzugewonnen, was einer Performance von circa 8 Prozent pro Jahr entspricht. Zum Vergleich: Der Weltaktienindex MSCI World hat im gleichen Zeitraum rund 15 Prozent verloren. Mittlerweile hat VERITAS verschiedene ETF-Dachfonds-Varianten im Angebot, für verschiedene Anlegertypen und Asset-Klassen.

Im November 2008 präsentierte auch db x-trackers einen Dachfonds-ETF. Wie bei VERITAS steckt auch hinter dem db x-trackers Portfolio-ETF die Idee, dass die richtige Mischung verschiedener Anlageklassen langfristig ein wichtiges Erfolgskriterium darstellt. Im Gegensatz zum VERITAS-Produkt basiert die db-x-trackers-Variante jedoch nicht auf einem kontinuierlich aktiv gemanagten ETF-Basket, sondern auf einem Index, der sich – bestimmten Kriterien folgend – aus verschiedenen ETFs zusammensetzt. Das Anlageziel des Index ist es, die Wertentwicklung eines diversifizierten globalen Portfolios, bestehend aus Aktien und Rentenwerten, abzubilden, wobei der minimale Aktienanteil 50 Prozent und der maximale 70 Prozent beträgt.

Neben Aktien und Renten kann das Indexportfolio auch Immobilien-ETFs enthalten (maximal bis zu zehn Prozent). Für die Überprüfung und Zusammensetzung des Portfolio-ETF, also die Auswahl der Indexbestandteile und ihre Gewichtung, ist eine eigene Allokationsstelle verantwortlich. Seit Dezember 2009 ist das die Fidus Capital AG. Die verantwortlichen Fidus-Experten wählen aus dem Gesamtuniversum die ETFs aus, die ihres Erachtens am besten zur langfristigen Wertentwicklung des db x-trackers Portfolio-ETF beitragen. Dies geschieht regelmäßig jedes Quartal, wobei die Regularien bis zu vier zusätzliche Überprüfungstermine zulassen.

Wie die Dach-ETFs von VERITAS und db x-trackers zeigen, kann die aktive Komponente unterschiedlich ausgeprägt sein. Ein Produkt, das (fast) gänzlich darauf verzichtet, ist der ARERO Weltfonds. Das Anlagekonzept wurde von Martin Weber, Wirtschaftsprofessor an der Universität Mannheim, entwickelt.

Dabei wird auf Stock-Picking verzichtet. Stattdessen orientiert sich die Allokation an langfristigen Studien, die zeigen, dass ein breit gestreutes Portfolio aus 60 Prozent Aktien, 25 Prozent Anleihen und 15 Prozent Rohstoffen in der Vergangenheit besonders gut abgeschnitten hat.

Zwar erfolgen hier regelmäßige Anpassungen, jedoch nur, um die Gewichte der Anlageklassen im Zeitablauf wieder auf die 60/25/15-Startallokation „zurückzudrehen".

Dieses Konzept der jährlichen Re-Allocation kommt auch bei den ETF-Musterportfolios des EXtra-Magazins zum Einsatz. Diese können laufend auf der Webseite www.extra-funds.de/investieren verfolgt werden.

Abb. 5.0

Entwicklung Dachfonds

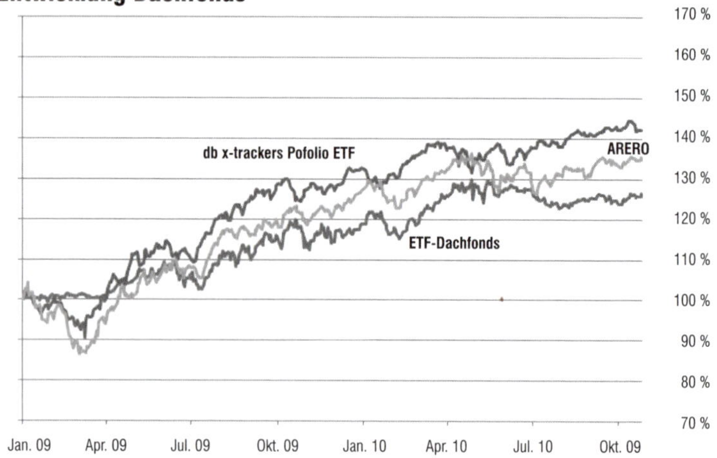

ETF-Dachfonds bieten sich als sinnvolles Basisinvestment für das Depot an. Mit schon relativ kleinen Summen können Anleger damit in ein breit gestreutes Portfolio investieren.

Diese Produkte eignen sich gerade für Anleger, die sich nicht selbst um die eigenen Finanzen kümmern möchten. Für welchen ETF-Dachfonds man sich letztendlich entscheidet, aktiv gemanagt oder streng regelbasiert, hängt von den persönlichen Präferenzen, aber auch den Kosten ab.

Ausgewählte ETF-Dachfonds mit unterschiedlichen Anlagestrategien

	ETF-Dachfonds	db x-trackers Portfolio-ETF	ARERO der Weltfonds
Anbieter	VERITAS	db x-trackers	DWS
WKN	556167	DBX0BT	DWS0R4
Ertrag	Thesaurierend	Thesaurierend	Thesaurierend
Fondsvolumen	242 Mio. Euro	66 Mio. Euro	93 Mio. Euro
Fondswährung	Euro	Euro	Euro
Anlageuniversum	Aktien, Renten, Rohstoffe, Geldmarkt	Aktien, Renten, Rohstoffe	Aktien, Renten, Rohstoffe
Kosten (TER p.a.)	1,5 %	0,72 %	0,45 %
Ausgabeaufschlag	keiner	keiner	keiner
Kurs	13,58 Euro	138,62 Euro	135,49 Euro
Webseite	www.veritas-fonds.de	www.dbxtrackers.de	www.arero.de
Entwicklung 2009	18,31 %	33,80 %	29,67 %
Entwicklung 2010	11,47 %	13,26 %	10,54 %

Hilfsmittel bei der Auswahl von ETFs: Indikatoren

Damit Investoren kluge Anlageentscheidungen treffen können, müssen sie für ihre Portfoliostrategie geeignete ETFs identifizieren, die Märkte analysieren und den richtigen Einstiegszeitpunkt finden. Hierzu gibt es bei der technischen Analyse sehr gute Hilfsmittel – die Indikatoren. An dieser Stelle will ich einen Überblick über die am häufigsten vorkommenden Indikatoren geben. Auch wenn es jetzt ein wenig „technisch“ wird, sollten Sie diesen Abschnitt unbedingt versuchen zu verinnerlichen, denn die folgenden drei Indikatoren haben sich in der Praxis über Jahre hinweg bestens bewährt.

Moving Average Convergence/Divergence (MACD)

Der MACD nimmt eine Sonderstellung ein, da er sowohl als Trendfolger als auch als Oszillator interpretiert werden kann. Die Funktionsweise des MACD-Indikators beruht auf verschiedenen Durchschnittslinien (Moving Averages). Ihre Bewegungen zueinander (Convergence) und voneinander weg (Divergence) geben Signale bezüglich der weiteren Entwicklung eines Kurses.

Der MACD besteht aus zwei Linien, die aus drei verschiedenen exponentiell geglätteten, gleitenden Durchschnitten ermittelt werden.

Die erste Linie erhält man, indem man zunächst die Kurse der vergangenen 26 Tage zusammenzählt und diese Summe durch 26 teilt. Reiht man die Ergebnisse der letzten 26 Tage aneinander, so ergibt sich die Durchschnittslinie der vergangenen 26 Tage. Auf gleiche Art und Weise kann man die Durchschnittslinie der vergangenen 12 Tage konstruieren.

Die MACD-Linie erhält man nun, indem man jeweils vom Wert der 12-Tage-Linie den der 26-Tage-Linie abzieht. Beide Linien werden exponentiell gewichtet, damit die jüngeren Kurswerte einer Datenreihe ein etwas höheres Gewicht als die älteren Kurswerte bekommen.

Die MACD-Linie oszilliert um die Nulllinie und kann ähnlich wie das Momentum interpretiert werden. Sie gibt die generelle Richtung an.

Seine eigentliche Raffinesse zeigt der MACD jedoch erst, indem er eine zweite Kurve ins Spiel bringt. Die Werte dieser Kurve werden aus der MACD-Linie gewonnen. Die neue Kurve ist ein Durchschnitt aus den neun jüngsten Werten der MACD-Linie, die als Signallinie dient, auch Trigger genannt.

Die Schnittpunkte zwischen MACD-Linie und Signallinie werden als die eigentlichen Kauf- und Verkaufsempfehlungen interpretiert. Eine Long-Position wird eröffnet, wenn der MACD den Trigger aufwärts schneidet. Wird der MACD vom Trigger wieder eingeholt, wird die Position wieder geschlossen.

Beschrieben ist der Indikator hier in seinen Standardeinstellungen (12/26/9), kann aber auch beliebig anders justiert werden.

Zu beachten ist außerdem, dass der entsprechende Markt überkauft oder heißgelaufen ist, wenn beide Kurven weit oberhalb der Nulllinie verlaufen. Bewegen sich die beiden Kurven tief im negativen Bereich, ist der Markt überverkauft. In beiden Fällen sollte eine Gegenreaktion der Kurse den Indikator zumindest in die mittlere Zone zurückführen.

Klettert zum Beispiel die MACD-Kurve Schritt für Schritt aus der negativen Hälfte der Skala in die positive, obwohl die Kurse selbst weiter

Abb. 5.1

MACD-Linie auf einem Chart

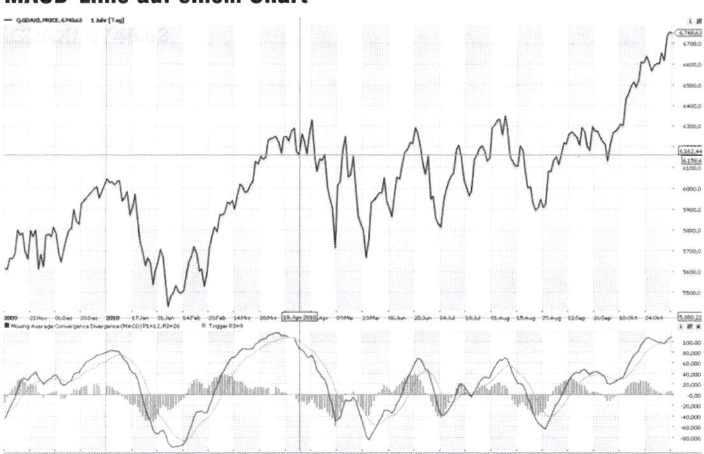

nach unten zeigen, entsteht eine positive Divergenz. Neigt der Indikator vor den Kursen zur Schwäche, entsteht eine negative Divergenz. Beide Fälle geben frühzeitig Hinweise für die weitere Entwicklung der Kurse.

Momentum-Oszillator

Das Momentum gehört zu den einfachen Indikatoren. Es zeigt die Schwungkraft und die Intensität der Kursveränderung an. Für jeden Tag wird die Differenz aus dem aktuellen Aktienkurs und dem Kurs vor n Tagen gebildet. Diese Werte ergeben aneinandergereiht einen Graphen, der sowohl positive als auch negative Werte annehmen kann.

Die Formel für den Momentum-Oszillator lautet:

M = C – Cn
C = der letzte Schlusskurs
Cn = der Schlusskurs vor n Tagen

Die Kurve pendelt um eine Nulllinie. Werte größer als null bedeuten, dass der Kurs der Aktie in den letzten n Tagen gestiegen ist. Werte kleiner null bedeuten das Gegenteil. Als Kaufsignal gilt beim Momentum vor allem das Durchbrechen der Nulllinie von unten nach oben. Dies soll den Beginn eines Aufwärtstrends anzeigen.

Als Verkaufssignal wird gewertet, wenn sich das Momentum wieder dem negativen Bereich nähert oder gar die Nulllinie nach unten durchbricht.

Herrscht ein Seitwärtstrend vor, pendelt das Momentum um die Nulllinie herum und produziert viele Kauf- und Verkaufssignale, die wenig gewinnversprechend sind. Das Momentum gehört jedoch zu den leistungsfähigsten Indikatoren, wenn der Markt starke Tendenzen aufweist.

Abb. 5.2

Momentum-Oszillator auf einem Chart

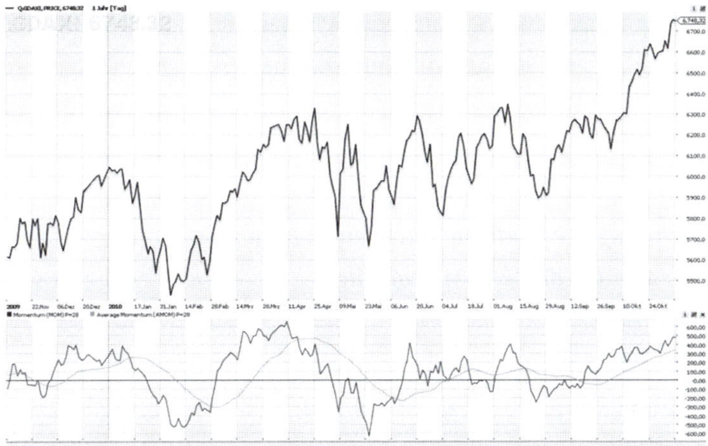

Relative-Strength-Index (RSI)

Der RSI zeigt überkaufte und überverkaufte Marktsituationen an. Hier werden die Aufwärtskursdifferenzen eines Werts ins Verhältnis zu den Abwärtsdifferenzen gesetzt. Das Indikatorenfenster hat eine Skala von 0 bis 100. Der Skalenbereich von 30 und 70 ist gekennzeichnet.

Die Formel für den Relative-Strength-Index lautet:

RSI = 100 – 100/(1+RS)

RS = Durchschnitt n Tage positiver Schlusskurse/Durchschnitt n Tage negativer Schlusskurse

n = neun Zeiteinheiten

Um beispielsweise einen Neuntage-RSI zu berechnen, zählt man zuerst die Anzahl der gewonnenen Punkte positiver Tage in der Neuntageperiode zusammen und dividiert die Summe durch neun.

Anschließend addiert man die Anzahl der verlorenen Punkte negativer Tage in der Neuntageperiode hinzu und dividiert das Ergebnis wieder durch neun. Als Nächstes ermittelt man die relative Stärke, indem man den positiven Durchschnitt durch den negativen Durchschnitt teilt.

Beispiel:

Berechnung der relativen Stärke einer Aktie aus den Daten der letzten neun Tage.

Schritt 1:
Ermittlung des positiven Durchschnitts der Kursgewinne einer Aktie aus den letzten neun Tagen
= Summe der Kursgewinne einer Aktie der letzten neun Tage/neun Tage.

Schritt 2:
Ermittlung des negativen Durchschnitts der Kursverluste einer Aktie aus den letzten neun Tagen
= Summe der Kursverluste einer Aktie der letzten neun Tage/neun Tage.

Schritt 3:
Ermittlung des RS:
RS = Positiver Durchschnitt/Negativer Durchschnitt.

Anschließend wird der RS in die RSI-Formel eingefügt, um einen Oszillator zu erhalten, der zwischen 0 und 100 schwankt. Der RSI setzt die relative Stärke der Kursgewinne zu den Kursverlusten in Beziehung.

Wenn die Indikatorlinie unter 30 liegt, so zeigt dies einen überverkauften Trend an. Sollte sie nun aufwärtssteigen, sodass die 30er-Linie von unten durchstoßen wird, ist dies als Kaufsignal zu werten.

Im umgekehrten Fall, wenn die Indikatorlinie über der 70er-Linie liegt, weist dies auf einen überkauften Trend hin. Sollte diese Linie dabei die 70er-Linie von oben nach unten durchstoßen, so ist dies als Verkaufssignal zu betrachten. Der normale Bereich des RSI liegt zwischen der 30er- und 70er-Marke. Die Anzahl der Tage n kann beliebig gewählt werden, je nachdem, was man als sinnvoll erachtet.

Damit die Indikatoren auch vernünftig angewendet werden können, sollte man wissen, mit welchen Indizes man es zu tun hat und welche Bedeutung sie im Einzelnen haben.

Abb. 5.3

RSI auf einem Chart

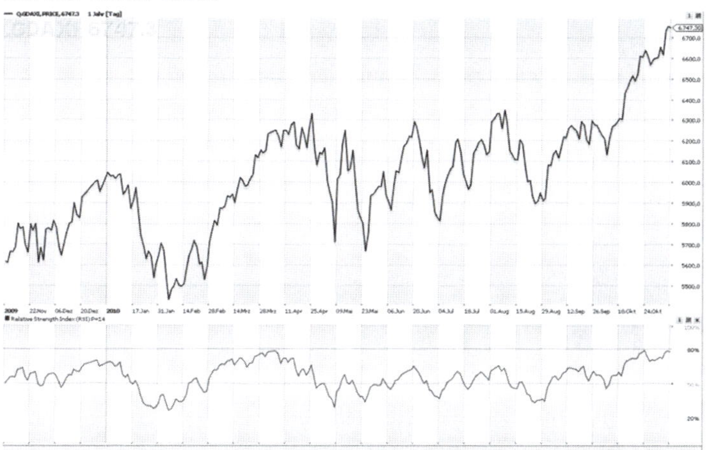

Indizes, die man kennen muss

MSCI-INDIZES

Morgan Stanley Capital International (MSCI) ist ein US-amerikanischer Finanzdienstleister, der zahlreiche internationale Aktienindizes berechnet und veröffentlicht. Die MSCI-Indizes werden von vielen aktiv gemanagten Investmentfonds als Benchmark für die Entwicklung der Rendite ihrer Portfolios verwendet. Auch im Bereich der ETFs greifen viele Anbieter auf die MSCI-Indizes zurück.

MSCI World

Der MSCI World Index misst seit 1969 die Performance von mehr als 1.800 Aktien aus 23 entwickelten Ländern und ist somit einer der am breitesten aufgestellten Indizes überhaupt. Er dient als Benchmark für eine Vielzahl global agierender Aktienfonds.

Name:	MSCI World
Region, Land, Branche:	Industrieländer, weltweit
Indexanbieter:	MSCI Barra
Internetadresse:	www.mscibarra.com
Indextyp:	Kursindex

MSCI Emerging Markets

Als Pendant zum MSCI World steht der MSCI Emerging Markets. Mit über 800 Aktien aus rund 25 Ländern ist der MSCI Emerging Markets einer der umfassendsten und bekanntesten Indikatoren für die Aktienmärkte von Entwicklungs- und Schwellenländern. Er beinhaltet rund 85 Prozent der Marktkapitalisierung nach Streubesitz aus den Emerging-Market-Ländern.

Name:	MSCI Emerging Markets
Region, Land, Branche:	Schwellenländer, weltweit

Indexanbieter:	MSCI Barra
Internetadresse:	www.mscibarra.com
Indextyp:	Kursindex

MSCI Europe

Der MSCI Europe ist ein auf Basis des Streubesitzes nach der Marktkapitalisierung gewichteter Index, der darauf abzielt, die Wertentwicklung europäischer Aktien zu messen. Der Index beinhaltet 17 industrialisierte Länder Europas.

Name:	MSCI Europe
Region, Land, Branche:	Industrieländer, Europa
Indexanbieter:	MSCI Barra
Internetadresse:	www.mscibarra.com
Indextyp:	Kursindex

MSCI Japan

Der MSCI Japan ist ein die Streubesitz-Marktkapitalisierung berücksichtigender Index, der die Performance der entwickelten Aktienmärkte in Japan abbilden soll.

Name:	MSCI Japan
Region, Land, Branche:	Japan
Indexanbieter:	MSCI Barra
Internetadresse:	www.mscibarra.com
Indextyp:	Kursindex

MSCI USA

Der MSCI USA ist ein die Streubesitz-Marktkapitalisierung berücksichtigender Index, der die Performance der entwickelten Aktienmärkte in den USA wiedergeben soll. Er enthält über 600 Einzelwerte und bildet somit einen Großteil des US-amerikanischen Markts ab.

Name:	MSCI USA
Region, Land, Branche:	USA
Indexanbieter:	MSCI Barra
Internetadresse:	www.mscibarra.com
Indextyp:	Kursindex

STOXX-INDIZES

STOXX Limited ist ein führender europäischer Indexanbieter. Seit dem Start des EURO STOXX 50 Index im Jahr 1998 liefert STOXX regelmäßig innovative Konzepte, die von vielen ETF-Anbietern eingesetzt werden.

EURO STOXX 50

Der EURO STOXX 50 ist der wichtigste Index für die Eurozone. Er beinhaltet alle EU-Länder, die den Euro als Währung eingeführt haben. Hier sind die 50 Aktienunternehmen der Eurozone mit der größten Marktkapitalisierung nach Streubesitz zusammengefasst.

Name:	EURO STOXX 50
Region, Land, Branche:	Euroraum

Indexanbieter:	STOXX Limited
Internetadresse:	www.stoxx.com
Indextyp:	Kurs- und Performanceindex

STOXX Europe 50

Der STOXX Europe 50 ist der Leitindex der Blue Chips in Europa. Im Gegensatz zum EURO STOXX 50 umfasst das Spektrum dieses Index nicht nur Titel aus Euroländern, sondern auch aus Staaten jenseits des Eurowährungsraums. Der Index bündelt die Wertentwicklung der 50 Aktien mit der größten Börsenkapitalisierung im Streubesitz.

Name:	STOXX Europe 50
Region, Land, Branche:	Europa
Indexanbieter:	STOXX Limited
Internetadresse:	www.stoxx.com
Indextyp:	Kurs- und Performanceindex

STOXX Europe 600

Der STOXX Europe 600 ist ein Auswahlindex der 600 größten Aktien Europas. Die Indexmitglieder decken rund 93 Prozent der Marktkapitalisierung des Gesamtmarktindex ab. Der Index ist untergliedert in die Teilindizes STOXX Europe Large 200, STOXX Europe Mid 200 und STOXX Europe Small 200.

Name:	STOXX Europe 600
Region, Land, Branche:	Europa

Indexanbieter:	STOXX Limited
Internetadresse:	www.stoxx.com
Indextyp:	Kursindex

DOW JONES INDUSTRIAL AVERAGE

Der Dow Jones Industrial Average ist der älteste, bekannteste und am meisten beachtete Index weltweit. Er wird täglich an der New Yorker Wall Street veröffentlicht.

Die Zusammensetzung erfolgt durch das Unternehmen Dow Jones & Company. Es gibt keine festen Aufnahmekriterien. Die im Index enthaltenen Unternehmen müssen eine führende Rolle in ihren jeweiligen Industriezweigen einnehmen.

Name:	Dow Jones Industrial Average
Region, Land, Branche:	USA
Indexanbieter:	Dow Jones & Company
Internetadresse:	www.djindexes.com
Indextyp:	Kursindex

DEUTSCHE BÖRSE

Mit mehr als 2.000 berechneten und veröffentlichten Indizes zählt die Deutsche Börse zu einem der größten Indexanbieter weltweit. Sie bietet neben ihren Blue-Chip- und Auswahlindizes, wie dem DAX, auch Strategieindizes an und erweitert das Angebot laufend, beispielsweise um internationale Indizes sowie Renten- und Rohstoffindizes.

DAX

Der Deutsche Aktienindex (DAX) ist der Leitindex der Deutschen Börse AG und bündelt die 30 größten deutschen Unternehmen. Einmal im Jahr kommt der Arbeitskreis Aktienindizes zusammen, um zu überprüfen, welche deutschen börsennotierten Unternehmen hinsichtlich Marktkapitalisierung und Börsenumsatz im DAX enthalten sein sollen.

Name:	Deutscher Aktienindex (DAX)
Region, Land, Branche:	Deutschland
Indexanbieter:	Deutsche Börse AG
Internetadresse:	www.deutsche-boerse.de
Indextyp:	Kurs- und Performanceindex

MDAX

Im MDAX sind 50 mittelgroße deutsche beziehungsweise überwiegend in Deutschland tätige Aktiengesellschaften versammelt, die in der Rangliste nach Marktkapitalisierung und Börsenumsatz auf die Werte des DAX folgen.

Name:	MDAX
Region, Land, Branche:	Deutschland
Indexanbieter:	Deutsche Börse AG
Internetadresse:	www.deutsche-boerse.de
Indextyp:	Kurs- und Performanceindex

TECDAX

Der 2003 eingeführte TecDAX ist der Nachfolger des durch Bilanzskandale und Insidergeschäfte in Verruf geratenen NEMAX 50. Der TecDAX umfasst die 30 in Bezug auf Marktkapitalisierung und Orderbuchumsatz größten Technologiewerte Deutschlands.

Name:	TecDAX
Region, Land, Branche:	Deutschland
Indexanbieter:	Deutsche Börse AG
Internetadresse:	www.deutsche-boerse.de
Indextyp:	Kurs- und Performanceindex

SONSTIGE INDIZES

SMI

Der Swiss Market Index (SMI) ist der bedeutendste Aktienindex der Schweiz. Wie der DAX in Deutschland wird auch der SMI als Blue-Chip-Index bezeichnet und deckt in etwa 90 Prozent der Marktkapitalisierung des Schweizer Aktienmarkts ab.

Er beinhaltet 20 Unternehmen, bewertet nach der Free-Float-Kapitalisierung.

Name:	Swiss Market Index (SMI)
Region, Land, Branche:	Schweiz
Indexanbieter:	SWX Swiss Exchange
Internetadresse:	www.swx.com
Indextyp:	Kursindex

FTSE 100

Der Financial Times Stock Exchange 100 umfasst die nach Marktkapitalisierung im Streubesitz bewerteten 100 größten Unternehmen Großbritanniens. Diese repräsentieren rund 80 Prozent der Marktkapitalisierung des Landes.

Name:	Financial Times Stock Exchange 100 (FTSE 100)
Region, Land, Branche:	Großbritannien
Indexanbieter:	FTSE Group
Internetadresse:	www.ftse.com
Indextyp:	Kursindex

CAC 40

Der CAC 40 besteht aus maximal 40 der führenden Aktiengesellschaften, die an der Pariser Börse gelistet sind. Sie werden aus den 100 am meisten gehandelten Werten ausgewählt. Außerdem richtet sich die Zusammensetzung nach der Marktkapitalisierung im Streubesitz.

Name:	CAC 40
Region, Land, Branche:	Frankreich
Indexanbieter:	Euronext
Internetadresse:	www.euronext.de
Indextyp:	Kursindex

S&P 500

Der Standard and Poor's 500 (S&P 500) ist einer der wichtigsten US-amerikanischen Indizes. Er umfasst 500 der größten, dort ansässigen Unternehmen, die zu den führenden US-Industrien gehören. Über die Zusammensetzung entscheidet ein achtköpfiges Komitee aus Wirtschaftswissenschaftlern und Analysten.

Name:	Standard and Poor's 500 (S&P 500)
Region, Land, Branche:	USA
Indexanbieter:	Standard and Poor's
Internetadresse:	www.indices.standardandpoors.com
Indextyp:	Kursindex

NASDAQ COMPOSITE

Der Nasdaq Composite ist einer der größten Indizes der Welt. Er beinhaltet 3.200 Aktien der US-amerikanischen Börse Nasdaq Stock Exchange. Die Gewichtung basiert auf der Marktkapitalisierung der gelisteten Unternehmen.

Name:	Nasdaq Composite
Region, Land, Branche:	USA und international
Indexanbieter:	Nasdaq Stock Exchange
Internetadresse:	www.nasdaq.com
Indextyp:	Kursindex

RUSSELL 1000

Der Russell 1000 beinhaltet 1.000 der größten US-amerikanischen Unternehmen und bildet den Börsenwert von rund 90 Prozent aller Gesellschaften ab, die an der US-Börse gehandelt werden. Die Zusammensetzung dieses Kursindex wird durch die Russell Investment Group gemanagt und auf der Grundlage fester Regeln laufend angepasst.

Name:	Russell 1000
Region, Land, Branche:	USA
Indexanbieter:	Russell Investment Group
Internetadresse:	www.russell.com
Indextyp:	Performanceindex

NYSE ARCA GOLD BUGS (HUI)

Der NYSE ARCA Gold Bugs (HUI) ist ein Börsenindex, der die internationalen Goldproduzenten und hauptsächlich Gold fördernde Bergbauunternehmen umfasst. Die im Index enthaltenen Gesellschaften handeln oder verkaufen ihre Goldproduktion nicht an den Terminbörsen und sind deshalb sehr stark von der aktuellen Entwicklung des Goldpreises abhängig.

Name:	NYSE ARCA Gold Bugs
Region, Land, Branche:	Gold, weltweit
Indexanbieter:	American Stock Exchange
Internetadresse:	www.amex.com
Indextyp:	Kursindex

NIKKEI 225

Der Nikkei 225 ist der bedeutendste Aktienindex Asiens. Einmal im Jahr entscheidet eine Kommission aus Akademikern und Fachleuten, welche Unternehmen neu in den Nikkei aufgenommen oder daraus entfernt werden. Für die Zusammensetzung gibt es starre Bestimmungen, die ausgesuchten Werte müssen allerdings zu den etablierten japanischen Blue Chips gehören.

Name:	Nikkei 225
Region, Land, Branche:	Japan
Indexanbieter:	Nihon Keizai Shimbum
Internetadresse:	www.tse.or.jp
Indextyp:	Kursindex

HANG SENG CHINA ENTERPRISES

Der Hang Seng China Enterprises (HSCE) ist einer der Blue-Chip-Indizes Hongkongs. Er versammelt die Unternehmen, die ihren Sitz auf dem chinesischen Festland haben, jedoch in Hongkong notiert sind – die sogenannten H-Aktien. Der Index umfasst rund 40 Werte und wird halbjährlich durch den Indexbetreiber HSI Services Limited an aktuelle Entwicklungen angepasst.

Name:	Hang Seng China Enterprises (HSCE)
Region, Land, Branche:	China
Indexanbieter:	HSI Services Limited
Internetadresse:	www.hsi.com.hk
Indextyp:	Kursindex

FTSE/XINHUA CHINA 25

Eigens für internationale Investoren wurde der Blue-Chip-Index FTSE/Xinhua China 25 kreiert. Er versammelt die 25, hinsichtlich ihrer Marktkapitalisierung im Streubesitz größten, chinesischen H-Aktien (Unternehmen mit Sitz in China und Notierung in Hongkong) und Red Chips (Unternehmenssitz und Notierung in Hongkong). Gewichtet wird der Index nach der Free-Float-Marktkapitalisierung.

Name:	FTSE/Xinhua China 25
Region, Land, Branche:	China
Indexanbieter:	FTSE Xinhua (FXI)
Internetadresse:	www.ftse.com/xinhua
Indextyp:	Kursindex

S&P BRIC 40

Im 2004 eingeführten S&P BRIC 40 Index versammelt Standard and Poor's die größten und liquidesten Aktien aus den BRIC-Ländern (Brasilien, Russland, Indien und China). Um in den Index aufgenommen zu werden, müssen die Unternehmen an einem der entwickelten Aktienmärkte (z.B. London Stock Exchange oder Nasdaq) gelistet sein. Außerdem gibt es Regulierungen bezüglich ihrer Marktkapitalisierung und Liquidität.

Name:	S&P BRIC 40
Region, Land, Branche:	BRIC-Länder (Brasilien, Russland, Indien, China)
Indexanbieter:	Standard and Poor's

Internetadresse:	www.indices.standardandpoors.com
Indextyp:	Kurs- und Performanceindex

Reuters/Jefferies CRB

Der Reuters/Jefferies CRB ist der älteste unter den großen Rohstoffindizes. In den Index fließen die nächstfälligen Terminkontrakte ein. Die Gewichte im Index werden nach einem arithmetischen Mittel berechnet. Der Index besteht aus rund 20 Rohstofffutures.

Name:	Reuters/Jefferies CRB
Region, Land, Branche:	Rohstoffe
Indexanbieter:	Jefferies Financial Products
Internetadresse:	www.jefferies.com
Indextyp:	Excess-Return-Index, Total-Return-Index

EONIA

Der Euro Overnight Index Average (EONIA) ist der offiziell berechnete Tagesgeldzinssatz für den Euro. Er besteht aus dem gewichteten Durchschnitt der Zinssätze, zu denen eine Gruppe größerer Institute im Euro-Währungsgebiet auf dem Interbankenmarkt unbesicherte Übernachtkontrakte effektiv abgeschlossen hat.

Name:	Euro Overnight Index Average (EONIA)
Region, Land, Branche:	Geldmarkt
Indexanbieter:	Europäische Zentralbank
Internetadresse:	www.ecb.int

Im folgenden Kapitel werfe ich einen Blick in die Zukunft der ETFs, gebe dem Leser noch einige Goldene Regeln an die Hand und zeige, was es sonst noch Wissenswertes rund um das Thema ETFs gibt.

Kapitel 6

Wissenswertes rund um das Thema ETF

Im diesem Kapitel versorge ich Sie mit weiteren nützlichen Informationen rund um die Welt der ETFs und zeige Ihnen, auf was Sie noch achten sollten und was Sie unbedingt wissen müssen, wenn Sie erfolgreich mit ETFs handeln wollen. Zunächst finden Sie hier eine Liste mit 50 ETFs, die jeder Anleger kennen sollte. Mit dieser Auswahl können Sie ein breit diversifiziertes ETF-Portfolio aufbauen.

Top-50-ETF-Liste

Region	KAG	ISIN	Gebühr	DAS	SWAP	FWhrg
Europa						
DJ STOXX 50	BGI	IE0008470928	0,35 %	AS	–	EUR
DJ EURO STOXX 50	LYX	FR0007054358	0,25 %	AS	S	EUR
DJ EURO STOXX 50	BGI	DE0005933956	0,15 %	AS	–	EUR
DJ STOXX 600	BGI	DE0002635307	0,19 %	AS	–	EUR
DJ EURO STOXX Select Div 30	BGI	DE0002635281	0,30 %	AS	–	EUR
MSCI Europe	DBX	LU0274209237	0,30 %	TH	S	USD
MSCI EM Eastern Europe	BGI	DE000A0HGZV3	0,75 %	AS	–	USD
Europa Länder						
DAX	BGI	DE0005933931	0,15 %	TH	–	EUR
CAC 40	DBX	LU0322250985	0,20 %	AS	S	EUR
FTSE 100	DBX	LU0292097234	0,30 %	AS	S	GBP
DJ Russia Titans 10	LYX	FR0010326140	0,65 %	AS	S	USD
SMI	DBX	LU0274221281	0,30 %	AS	S	CHF
DJ Turkey Titans 20	LYX	FR0010326256	0,65 %	AS	S	TRY

Region	KAG	ISIN	Gebühr	DAS	SWAP	FWhrg
Region Asien						
MSCI Far East ex-Japan	BGI	DE000A0HGZS9	0,74 %	AS	–	USD
MSCI Emerging Markets Asia	BDBX	LU0292107991	0,65 %	TH	S	USD
MSCI Asia-Pacific ex-Japan	LYX	FR0010312124	0,65 %	AS	S	USD
DJ Asia Pacific Select Div 30	BGI	DE000A0H0744	0,30 %	AS	–	EUR
Länder Asien						
MSCI Japan	BGI	DE000A0DPMW9	0,59 %	AS	–	USD
Nikkei 225	COM	LU0378453376	0,45 %	TH	S	JPY
FTSE/Xinhua China 25	BGI	DE000A0DPMY5	0,74 %	AS	–	USD
HSCEI	LYX	FR0010204081	0,65 %	AS	S	HKD
MSCI India	LYX	FR0010361683	0,85 %	AS	S	USD
Region Amerika						
MSCI USA	DBX	LU0274210672	0,30 %	TH	S	USD
S&P 500	BGI	DE0002643889	0,40 %	AS	–	USD
NASDAQ 100	BGI	DE000A0F5UF5	0,30 %	AS	–	USD
Region Lateinamerika						
MSCI Brazil	BGI	DE000A0HG2M1	0,74 %	AS	–	USD
MSCI Latin America	DBX	LU0292108619	0,65 %	TH	S	USD

Region	KAG	ISIN	Gebühr	DAS	SWAP	FWhrg
Region Welt						
MSCI World	DBX	LU0274208692	0,45 %	TH	S	USD
MSCI World	BGI	DE000A0HGZR1	0,50 %	AS	–	USD
DJ STOXX Gl Selected Div. 100	BDX	LU0292096186	0,50 %	AS	S	EUR
Region Emerging Markets						
MSCI Emerging Markets	DBX	LU0292107645	0,65 %	TH	S	USD
Immobilien						
FTSE EPRA/NAREIT Eurozone	AXA	LU0192223062	0,45 %	AS	–	EUR
FTSE EPRA/NAREIT Asia Prop.	BGI	DE000A0LGQJ9	0,59 %	AS	–	USD
FTSE EPRA/NAREIT Dev Prop.	BGI	DE000A0LGQL5	0,59 %	AS	–	USD
FTSE EPRA/NAREIT US Prop.	BGI	DE000A0LGQK7	0,40 %	AS	–	USD
Renten						
EuroMTS 1-3Y	LYX	FR0010222224	0,17 %	TH	S	EUR
EuroMTS 3-5Y	LYX	FR0010037234	0,17 %	TH	S	EUR
EuroMTS 5-7Y	LYX	FR0010411413	0,17 %	TH	S	EUR
eb.rexx Jumbo Pfandbriefe	BGI	DE0002635265	0,09 %	AS	–	EUR
iBoxx EUR Liquid Corporates	BGI	DE0002511243	0,20 %	AS	–	EUR
EM Liquid Eurobond	DBX	LU0321462953	0,55 %	TH	S	EUR

Region	KAG	ISIN	Gebühr	DAS	SWAP	FWhrg
Geldmarkt						
EONIA Total Return	DBX	LU0290358497	0,15 %	TH	S	EUR
SONIA Total Return	DBX	LU0321464652	0,15 %	TH	S	GBP
FED Funds Effective Rate	COM	LU0378437767	0,10 %	TH	S	USD
Rohstoffe						
Liquid Commodity Opt. Yield Bal.	DBX	LU0292106167	0,55 %	TH	S	EUR
DJ-UBS Commodity	BGI	DE000A0H0728	0,45 %	TH	S	EUR
Reuters/Jefferies CRB	LYX	FR0010270033	0,35 %	TH	S	USD
Gold (Physische Lieferung)	ETFS	DE000A0LP781	0,39 %	TH	ETC	USD
Silber (Physische Lieferung)	ETFS	DE000A0N62F2	0,49 %	TH	ETC	USD
Brent-Öl (ICE Brent Future)	ETFS	DE000A0KRKM5	0,49 %	TH	ETC	USD

Nachdem Sie nun die wichtigsten ETFs kennen, um ein Ihren Wünschen entsprechendes und breit diversifiziertes Portfolio aufzubauen, präsentiere ich Ihnen jetzt die zehn goldenen Regeln, die als eine Art Leitfaden dienen, um Fehler bei der Anlage zu vermeiden und möglichst rasch Erfolge zu feiern.

Zehn goldene ETF-Regeln

1. Informieren Sie sich über die Funktionsweise von Exchange Traded Funds. Erst wenn Sie darin sicher sind, sollten Sie sich an die Auswahl der verschiedenen Produkte machen.

2. Informieren Sie sich über die unterschiedlichen Arten von ETFs (Swap, Full Replication). Ein ETF-Portfolio kommt wohl kaum ohne Swap-ETFs aus. In manche Asset-Klassen kann man ohne sie nicht investieren (z.B. Geldmarkt, Rohstoffe oder verschiedene exotische Märkte).

3. Informieren Sie sich über den dem ETF zugrunde liegenden Index. Das wird Ihre meiste Zeit in Anspruch nehmen. Erst wenn Sie das Indexkonzept verstehen, sollten Sie den ETF erwerben. Manchmal sind die Konzepte erklärungsbedürftig oder bieten fast keine Diversifikation (z.B. bei Branchenindizes oder Länderindizes, bei denen wenige Aktien einen Großteil der Indexgewichtung ausmachen).

4. Machen Sie sich Gedanken über die grundsätzliche Ausrichtung Ihres Portfolios. Welches Risiko bin ich bereit zu tragen? Daraus leiten Sie Ihre Aktienquote ab. Der Rest geht dann in den Bereich Renten-ETFs oder Geldmarkt-ETFs. Profis können auch noch Rohstoffe beimischen.

5. Eröffnen Sie bei einer Direktbank ein Wertpapierdepot. Dort können Sie zu sehr günstigen Konditionen ETFs handeln. Das sorgt für einen zusätzlichen Spareffekt.

6. Ein gutes ETF-Portfolio setzt sich aus mindestens zehn Indexfonds zusammen. Mehr wird schnell unübersichtlich, weniger geht grundsätzlich auch, lässt aber keine Feinsteuerung des Portfolios zu.

7. Konzentrieren Sie sich auf die großen bekannten Indizes. Dort ist in der Regel das meiste Geld investiert und die Indexkonzepte haben langfristig eine Daseinsberechtigung. Das reduziert das Risiko einer ungewollten Fondsschließung.

8. Investieren sie den Kern Ihrer ETF-Investments in Produkte der großen ETF-Anbieter. Dort haben Sie die höchste Sicherheit, dass diese sich nicht irgendwann aus dem Markt verabschieden. Zudem werden die Produkte von institutionellen Anlegern bevorzugt.

9. Achten Sie nicht nur auf die Managementgebühr eines ETF. Der entscheidende Faktor ist die Performance, da diese alle Kosten berücksichtigt. Zudem sollten Sie auf die Geld-Brief-Spanne achten. Manchmal sind scheinbar günstige Produkte im Handel teuer. Denken Sie an das Börsensprichwort „Hin und Her macht Taschen leer".

10. Entspannen Sie sich. Die Geldanlage mit ETFs ist kinderleicht. Die Produkte sind extrem kostengünstig und lassen sich optimal zum Aufbau eines diversifizierten Portfolios einsetzen. Einfacher und günstiger kann ein langfristiger Vermögensaufbau nicht realisiert werden.

Jetzt ist es an der Zeit, einmal einen Blick in die Zukunft der ETF-Branche zu werfen und zu beleuchten, ob der aktuelle Boom dieser Produktklasse anhalten wird.

Die Zukunft der ETFs

1. Experten gehen davon aus, dass die Branche ein starkes Wachstum im Bereich der Privatanleger verzeichnen wird. Vor allem diejenigen, die ihre Geldanlage selbst in die Hand nehmen, schätzen zunehmend die Vorteile von ETFs.

2. Banken und Finanzdienstleister werden ihren Einsatz bei der Privatkundenberatung verstärken, da die Nachfrage nach ETFs und deren vielfältige Investitionsmöglichkeiten zunehmen wird.

3. Es wird einen Trend zur Honorarberatung bei der Gestaltung von ETF-Portfolios geben.

4. Die Emittenten werden auf die Bedürfnisse ihrer Kunden eingehen und mehr ETFs, teilweise auf komplexe Indizes, einführen.

5. Es werden zunehmend neue Konstruktionen im Bereich der ETFs auf den Markt gebracht werden. Beispielsweise wird es Kombinationen von Long-Investment und Derivatestrategien geben.

6. Die Emittenten machen sich an die Erschließung der restlichen fehlenden Anlagemärkte – vor allem der kleinen Emerging Markets wie Chile oder Marokko.

7. Anleger können in Zukunft auf mehr Renten-ETFs zugreifen. Es wird Renten-Sektor-ETFs geben und noch mehr High-Yield-Renten-ETFs.

8. Auch die Angebotspalette von Rohstoff-ETFs wird stark zunehmen.

9. Es wird in den kommenden Jahren immer mehr Anlageprodukte geben, die ETFs einsetzen. Erste Tendenzen sind bereits zu erkennen, sei es im Bereich der Versicherungen oder bei den ETF-Dachfonds.

Zudem gehen Analysten davon aus, dass es einen Anstieg der verwalteten Vermögen in Europa um jährlich 30 Prozent für die kommenden Jahre geben wird. Bis zum Jahr 2012 soll das Marktvolumen die Schwelle von 500 Milliarden US-Dollar überschreiten.

Jetzt wissen Sie, was zu tun ist und was dafür spricht, dass ETFs auch in Zukunft eine wichtige Rolle bei der Geldanlage spielen werden.

Nun brauchen Sie nur noch gute Quellen, um an fundierte Informationen zu gelangen, die für die richtige Auswahl der ETFs notwendig sind.

INFORMATIONSQUELLEN

EXtra-Magazin (www.extra-funds.de)

Das EXtra-Magazin ist das führende ETF-Informationsportal in Deutschland. Anleger finden auf der Website unzählige Informationen zum Thema Exchange Traded Funds. Zudem veröffentlicht das Redaktionsteam monatlich das EXtra-Magazin. Darin wird der ETF-Markt kommentiert und Experten kommen zu Wort. Anleger können sich dort regelmäßig über den erfolgreichen Einsatz von ETFs informieren. Die Website enthält außerdem Datenbanken mit allen in Deutschland handelbaren Indexfonds (ETFs) und ETCs.

Informationsquellen im Internet:

www.extra-funds.de
die Website des EXtra-Magazins plus monatliches EXtra-Magazin.
www.smarter-investieren.de
eine Art Blog zum Thema indexorientiertes Investieren.
www.fundexplorer.de
ein Schweizer Informationsportal zum Thema ETFs.
Handelsblatt Index-News
ein monatlicher ETF-Newsletter des Handelsblatts.
www.etf-kompakt.de
ein monatlicher ETF-Newsletter der Finanzpark AG.
www.10x10.ch
ein monatlicher Schweizer ETF-Newsletter.

Anbieterverzeichnis:

Amundi

Amundi Investment Solutions wurde am 1. September 2005 gegründet. Amundi Investment Solutions ist eine auf strukturierte Produkte, alternative Investmentlösungen und Exchange Traded Funds (ETFs) spezialisierte 100-prozentige Tochtergesellschaft der Amundi-Gruppe.

Telefon: +49 69 74221-323

iShares (BlackRock)

BlackRock gehört zu den weltweit führenden Investmentmanagern und ist einer der größten Anbieter von Anlageverwaltungs-, Risikomanagement- und Beratungsleistungen für institutionelle und private Anleger sowie Finanzvermittler aus aller Welt. Hierzu gehören Spezial- und Publikumsfonds für institutionelle Kunden, individuelle Vermögensverwaltung für private Anleger, geschlossene Fonds und maßgeschneiderte Anlagelösungen sowie branchenführende ETFs der iShares-Plattform.

BlackRock Asset Management Deutschland AG
Max-Joseph-Straße 6
80333 München

Telefon: +49 89 42729-5858
Fax: +49 89 42729-5958
Internet: www.ishares.de
E-Mail: info@ishares.de

ComStage

Die Commerzbank-Tochter „Commerz Derivatives Funds Solutions S.A." ist die Verwaltungsgesellschaft von ComStage ETF mit Sitz in Luxemburg. ComStage ETF ist als offene Investmentgesellschaft in Form einer SICAV registriert und fungiert als Umbrella-Fonds für ComStage ETFs. Diese sind als Teilfonds nach luxemburgischem Recht aufgelegt und entsprechen § 60 des deutschen Investmentgesetzes sowie den Bestimmungen der europäischen Fondsregulierung bezüglich UCITS III.

ComStage ETFs sind einfach, transparent und fair.

Commerzbank AG – ComStage
Mainzer Landstraße 153
60327 Frankfurt am Main
Deutschland
Telefon: +49 69 1362-1812
Internet: www.comstage.de

Credit Suisse Asset Management

Die Credit Suisse bietet im Bereich Asset-Management eine umfassende Produktpalette mit allen Anlagekategorien an – von Aktien über Anleihen und „Multiple Asset Class"-Produkten bis hin zu alternativen Investments wie zum Beispiel Immobilien, Hedgefonds, Private-Equity-Anlagen und Volatilitätsmanagement. Der Asset-Management-Bereich der Credit Suisse verwaltet Portfolios, Anlagefonds und andere Anlageinstrumente für ein breites Spektrum von Kunden wie staatliche Körperschaften, Institutionen, Unternehmen und Privatkunden. Mit Niederlassungen in 23 Ländern betreibt die Credit Suisse ihr Asset-Management-Geschäft als global integriertes Netzwerk mit dem Ziel, den Kunden die besten Anlageideen und Ressourcen der Bank weltweit zur Verfügung zu stellen. Alle börsennotierten Fonds (ETFs) der Credit Suisse notieren unter der Bezeichnung CS-ETF.

CREDIT SUISSE ASSET MANAGEMENT (Deutschland) GmbH
60308 Frankfurt
Service-Line (Deutschland)
Telefon: +49 69 75381-111
E-Mail: investment.etf@credit-suisse.com

db x-trackers

Die Deutsche Bank bietet über db x-trackers seit Anfang Januar 2007 in Deutschland börsennotierte Exchange Traded Funds (ETF) an.

db x-trackers – die Exchange Traded Funds der Deutschen Bank – kombinieren die Vorteile von Aktien und Fonds in einem Produkt. Sie sind einfach wie Aktien jederzeit an der Börse handelbar und bieten Zugang zu den Aktienmärkten oder Regionen.

db x-trackers, Deutsche Bank AG
Große Gallusstraße 10–14
60272 Frankfurt/Deutschland
Telefon: +49 69 910-38807
Fax: +49 69 910-30726
E-Mail: info.dbx-trackers@db.com

ETFlab

Die ETFlab Investment GmbH ist eine Fondsgesellschaft nach deutschem Recht und spezialisiert auf die Emission und Verwaltung von börsengehandelten Indexfonds. ETFlab Investment GmbH ist eine 100-prozentige Tochter der DekaBank Deutsche Girozentrale.

ETFlab Investment GmbH
Wilhelm-Wagenfeld-Straße 20
80807 München/Deutschland
Telefon: +49 89 32729-33 33
Fax: +49 89 32729-33 13
E-Mail: info@etflab.de

ETF Securities

Mit der im Jahr 2003 weltweit ersten Notierung eines Exchange Traded Commodity (ETC), der Gold Bullion Securities in Australien, nahm das Management von ETF Securities Limited eine Vorreiterrolle bei der Entwicklung von ETCs ein.

2005 brachte ETF Securities den ersten Rohöl-ETC, OILB, an die Börse, dessen Kurs sich an der Preisentwicklung des Brent-Öl-Futures orientiert. Im Jahr 2006 folgte OILW, dessen Wert sich am WTI-Öl-Future ausrichtet. Ermöglicht wird das Rohölpreis-Exposure durch Tochterunternehmen einer der weltweit größten Ölfirmen, der Royal Dutch Shell.

Im September 2006 brachte ETF Securities eine aus 19 einzelnen Rohstoffen und 10 verschiedenen Rohstoffkörben bestehende Produktpalette von ETCs an die Börse. Im Mai 2007 wurde das Angebot um physisch besicherte ETCs auf Gold, Silber, Platin und Palladium sowie einen Edelmetallkorb erweitert.

Dies ermöglicht Investoren einen einfachen Zugang zu einer breiten Auswahl an Rohstoffprodukten an einer einzigen Börse und in einer Zeitzone.

ETF Securities Ltd.
6th Floor/2 London Wall Buildings
EC2M 5UU London/Großbritannien
Telefon: +44 20 7448-4330
Fax: +44 20 7448-4366
E-Mail: info@etfsecurities.com

HSBC

Mit mehr als 100 Millionen Kunden und über 295.000 Mitarbeitern in 88 Ländern gehört die HSBC-Gruppe zu den bestkapitalisierten und ertragsstärksten Finanzinstitutionen der Welt. Die HSBC-Gruppe verwaltet Kundengelder in Höhe von insgesamt 857 Milliarden US-Dollar. HSBC Global Asset Management kann auf eine lange Historie im Management von Indexfonds zurückblicken.

HSBC Global Asset Management (Deutschland) GmbH
Königsallee 21/23
40212 Düsseldorf
Telefon: +49 211 910-4784

Invesco PowerShares

PowerShares wurde 2002 von Bruce Bond, dem jetzigen Präsidenten und Vorstandsvorsitzenden, gegründet und firmiert seit 2006 als Teil von Invesco Ltd. unter dem Namen Invesco PowerShares. Das Unternehmen bietet institutionellen Investoren sowie Privatanlegern eine Bandbreite von börsengehandelten Fonds (ETFs), die folgende Asset-Klassen abdecken: Geldmarkt, Aktien USA, Aktien Europa, Aktien Global, Aktien Emerging Markets sowie spezielle Themen.

Invesco Asset Management Deutschland GmbH
Client Service
An der Welle 5
60322 Frankfurt am Main
Telefon: +49 69 29807-800
Fax: +49 69 29807-106
E-Mail: info@fra.invesco.com

Lyxor Asset Management

Lyxor Asset Management wurde 1998 gegründet und verwaltet heute ein Vermögen von rund 88,9 Milliarden Euro (Stand: März 2010). Seit der Gründung erzielten alle Geschäftsbereiche ein enormes Wachstum. So stieg Lyxor AM innerhalb weniger Jahre in die Spitzengruppe auf dem europäischen ETF-Markt auf und wurde zu einer der größten Managed Account Platforms in Europa.

Société Générale S.A.
Neue Mainzer Straße 46–50
60311 Frankfurt
Telefon: +49 69 7174-444
Fax: +49 69 7174-672
E-Mail: info@lyxoretf.de

Market Access/RBS

Im Jahre 2007 erwarb ein Bankenkonsortium, bestehend aus RBS, Banco Santander und Fortis, die niederländische ABN-AMRO-Gruppe mit dem Ziel, deren Geschäftsbereiche untereinander aufzuteilen. Das deutsche Zertifikategeschäft der ABN AMRO Bank N.V. (ABN AMRO) wurde dabei der RBS-Gruppe zugeordnet. Die ABN AMRO war ein Vorreiter im deutschen Zertifikatemarkt und konnte in diesem schnell wachsenden Segment seit 1999 mit zahlreichen Innovationen aufwarten. Unter der Marke Market Access betreibt die RBS ein eigenes ETF-Geschäft.

The Royal Bank of Scotland N.V.
Niederlassung Deutschland
Junghofstraße 22
60311 Frankfurt am Main
Telefon: +49 69 26900-900
Fax: +49 69 26900-829
Internet: http://markets.rbs.de/DE

Source

Source ist ein spezialisierter Anbieter von börsengehandelten Produkten. Er profitiert von der Expertise und langjährigen Erfahrung seiner renommierten Partner im ETP-Markt. Zu diesen zählen BofA Merrill Lynch, Credit Suisse, Goldman Sachs, J.P. Morgan, Morgan Stanley und Nomura genauso wie Nyenburgh, All Options, Baader Bank, Banca IMI, Commerzbank, DekaBank, Exane, Flow Traders, HSBC, IMC, Knight Capital, LaBranche, Newedge, SG Securities und UniCredit. Zusammen mit seinen Partnern schafft er einen neuen gemeinsamen Standard für ETPs.

Source UK Services Ltd.
14th Floor, One Angel Court
London EC2R 7HJ
E-Mail: germany_austria@source.info

UBS

Die UBS-ETF bietet in Deutschland einige ETFs an. Das Portfoliomanagement der Fonds wurde einem sehr erfahrenen Team bei UBS Global Asset Management übertragen. Dies ist einer der weltweit führenden Asset-Manager.

Unter dem Namen UBS Exchange Traded Funds bekannt, vereinen die börsengehandelten Indexfonds die Vorteile von Investmentfonds und Aktien. Sie bilden eine Vielzahl sehr bekannter, unabhängig berechneter Indizes nach und sind im XTF-Segment der Deutschen Börse sowie bei der SWX Swiss Exchange, SWX Europe und Euronext notiert. Sie können während der üblichen Börsenzeiten gehandelt werden.

UBS Global Asset Management (Deutschland) GmbH
Stephanstraße 14–16
60313 Frankfurt/Main
Deutschland
Telefon: +49 69 1369-5300
Internet: www.ubs.com/etf

Glossar

Anlagehorizont Die Dauer, für die ein Anleger eine bestimmte Anlage mit großer beziehungsweise größter Wahrscheinlichkeit zu halten beabsichtigt.
Zum Beispiel sollte ein Anleger nur in Aktien investieren, wenn er einen Anlagehorizont von mindestens drei bis fünf Jahren hat. Dessen ungeachtet kann es sein, dass ein Anleger dennoch eine Anlage „vorzeitig“ verkauft, weil ein unvorhergesehener Umstand eingetreten ist und er Geldmittel benötigt.

Anlagenklasse/ Asset-Klasse Gruppe von Vermögensanlagen, die ähnlichen Risikoeinflussfaktoren unterliegen.
Beispiele sind die Gesamtheit der deutschen Aktien im Unterschied zu den Aktien nationaler Märkte oder die Gesamtheit der Value-Aktien im Unterschied zu Growth-Aktien oder Small Caps im Unterschied zu Large Caps.

Arbitrage (-Geschäft) Das Ausnutzen unterschiedlicher Kurse beim gleichzeitigen Kauf und Verkauf von Waren an verschiedenen Märkten (Börsenplätzen), in verschiedenen Kontraktmonaten (im Terminmarkt), zwischen Kassa- und Terminmarkt oder auf verschiedenen Anlageformen wie Aktien, Anleihen, Rohstoffen oder Immobilien.

Asset Allocation/ Asset-Allokation Systematische Reduzierung des Anlagerisikos durch Aufteilung des Kapitals auf verschiedene Asset-Klassen. Der Ertrag und das Risiko eines

Portfolios kann durch die Asset Allocation (Auswahl der Wertpapiere sowie deren Gewichtung) bestimmt und optimiert werden.

Aufschlag/ Abschlag gegenüber NAV Die positive (Aufschlag) oder negative (Abschlag) Differenz zwischen dem Marktpreis eines Fonds und dem Marktwert seiner Portfolioanteile abzüglich der Gebühren. Verglichen mit ETFs werden geschlossene Fonds allgemein mit einem höheren Aufschlag oder Abschlag gehandelt.

AUM Steht für Asset under Management und entspricht der Höhe des verwalteten Vermögens aller ausgegebenen Anteilscheine eines ETF.

Benchmark Englisch für Vergleichsgröße, Vergleichsindex; die Entwicklung eines bestimmen Index, der einem Fonds als Vergleichsbasis für die Wertentwicklung dient.
Ziel eines aktiv gemanagten Fonds muss es sein, den Vergleichsindex zu schlagen. Um die Performance von Investmentfonds objektiv beurteilen zu können, werden häufig Indizes als Benchmark verwendet. Passiv gemanagte Fonds entwickeln sich immer genau wie der Benchmark-Index abzüglich des Tracking Errors.

Blue Chip Aus dem angelsächsischen Sprachgebrauch übernommene Bezeichnung für Standardaktien mit hohem internationalen Ansehen.

Bonds	Bond ist der angelsächsische Ausdruck für ein festverzinsliches Wertpapier.
Bonitätsrisiko	Siehe Emittentenrisiko.
Börsengehandelte Indexfonds	Siehe Exchange Traded Funds (ETFs).
Bundesanstalt für Finanzdienstleistungsaufsicht (BAFIN)	Dieses im Mai 2002 neu geschaffene Amt vereint die Geschäftsbereiche der ehemaligen Bundesaufsichtsämter für das Kreditwesen (Bankenaufsicht), für das Versicherungswesen (Versicherungsaufsicht) und für den Wertpapierhandel (Wertpapieraufsicht). Die Internetadresse ist www.bafin.com.
Buy and Hold	Englisch für „Kaufen und Halten". Einfache Strategie, die zum Ziel hat, Wertpapieranlagen sehr lang im Portfolio zu halten und diese nicht aufgrund kurzfristiger Kursschwankungen laufend zu kaufen/verkaufen. Buy and Hold ist deshalb sinnvoll, weil häufiges An- und Verkaufen hohe Transaktionskosten verursacht, die mögliche Erträge aus der besseren Bruttorendite der dann neu erworbenen Wertpapiere mehr als aufwiegen.
Cashdrag	Bei ausschüttenden Indexfonds werden im Laufe des Geschäftsjahres anfallende Zinsen und Dividenden als Barmittel im Fondsvermögen gehalten.

Bei steigenden Märkten ist dies von Nachteil, da sich das gesamte Fondsvermögen schlechter als der Markt entwickelt, bei fallenden Märkten entsprechend von Vorteil.
Dieses Phänomen wird als Cashdrag bezeichnet.

Cashflow Der Cashflow ist eine Kennzahl, mit der sich bewerten lässt, wie finanzkräftig ein Unternehmen ist. Im Gegensatz zum Jahresüberschuss in der Gewinn- und Verlustrechnung (GuV) bezieht er sich nur auf die ausgabe- und einnahmewirksamen Positionen.
Zusammensetzung des Cashflows:
Jahresüberschuss + Abschreibungen +/– Veränderungen bei den langfristigen Rückstellungen +/– Veränderungen bei den Rücklagen = Cashflow

Cash Management Kurzfristige Verwaltung liquider Mittel.

Cost-Averaging-Effekt (Durchschnittskosten-Effekt) Die regelmäßige Einzahlung gleichbleibender Beträge auf ein Investmentkonto hat den Vorteil, dass der Anleger die Anteile bei unterschiedlichen Wertpapierpreisen zu einem günstigeren Durchschnittspreis kauft als beim regelmäßigen Kauf einer gleichbleibenden Zahl von Anteilen im selben Zeitraum. Bei gleichbleibenden monatlichen Einzahlungen auf ein Investmentkonto erhält der Anleger bei fallendem Anteilswert mehr, bei steigendem Anteilswert weniger Anteile. Der positive Effekt des Cost Averagings ist bei stark schwankenden Kursen – wie sie bei Aktien beziehungsweise Aktienfonds in aller Regel vorkommen – besonders ausgeprägt. Das heißt, der Anleger kann sich Kursschwankungen damit sehr gut zunutze machen.

Core-Satellite-Strategie Bei der Anlagestrategie Core Satellite wird der Großteil des Vermögens in gut diversifizierte Indexanlagen investiert. Um diesen Kernanteil werden dann renditeträchtige Anlageprodukte, eben die Satelliten, platziert, mit denen Alpha generiert werden soll.

Creation/Redemption-Prozess Der Creation/Redemption-Prozess beinhaltet den Tausch von Aktienkörben gegen Fondsanteile. Um den Basiswert des Fonds (Index) abzubilden, stellt der Market Maker einen Aktienkorb zusammen (entspricht 1:1 dem Index wie etwa dem SMI). Dafür erhält er vom Emittenten Fondsanteile im Wert des Aktienkorbs, die er am Markt verkaufen kann (Creation). Umgekehrt kann der Market Maker Fondsanteile an die Fondsgesellschaft zurückgeben und erhält dafür Aktien (Redemption).

Dachfonds Bestimmter Typus von Investmentfonds, der statt Aktien oder Anleihen selbst in Fonds anlegt. Meist gibt es eine Dachfondsfamilie mit unterschiedlichen Chancen und Risiken.

Derivate Börsentechnisch versteht man darunter per Definition einen Sammelbegriff für austauschbare Werte und Instrumente, die sich auf einen anderen Wert (den zugrunde liegenden Basiswert) beziehen.
Die Wertentwicklung derivativer Instrumente hängt von der jeweiligen Wertentwicklung des zugrunde liegenden Basiswerts ab und kann auch das entgegengesetzte Chance-Risiko-Verhältnis des Basiswerts besitzen.
Dieses Chance-Risiko-Verhältnis kann sich durch den sogenannten Leverage-Effekt wesentlich erhöhen.
Die Laufzeit ist begrenzt (Termingeschäft).
Mit einem Derivat kann ein Forward, ein Future, eine Option oder ein Optionsschein gemeint sein.

Designated Sponsor Siehe Market Maker.

Diversifikation (Risikostreuung) Die Aufteilung des Anlagekapitals auf mehrere – voneinander möglichst unabhängige – Anlagenklassen mit dem Ziel, das durchschnittliche Risiko zu verringern. Das hat damit zu tun, dass sich zwei verschiedene Anlagenklassen niemals ganz genau gleich verhalten (d.h., ihre Korrelation ist kleiner eins). Die richtige Diversifikation ist entscheidend für eine erfolgreiche Anlagestrategie. Damit wird das beste Verhältnis zwischen Rendite und Risiko erreicht.

Dividenden Der Anteil am Gewinn einer Aktiengesellschaft, der pro Aktie ausgeschüttet wird. Die Höhe legt die Hauptversammlung fest.

Emittent Herausgeber eines Wertpapiers. Dies kann eine juristische Person des Privatrechts sein, etwa eine Aktiengesellschaft, aber auch eine Körperschaft des öffentlichen Rechts, wie ein Bundesland.

Emittentenrisiko Bezeichnung für das Risiko, dass sich die Zahlungsfähigkeit eines Schuldners während der Laufzeit einer von ihm emittierten Schuldverschreibung verschlechtern könnte. Eine Verschlechterung der Bonität führt meist zu einem deutlichen Kursabschlag der betreffenden Schuldverschreibung. Im schlimmsten Fall kann der Schuldner zahlungsunfähig werden und Zins- und/oder Tilgungsleistungen nicht termingerecht erbringen. Das Bonitätsrisiko spielt eine umso größere Rolle, je länger die Laufzeit der betreffenden Schuldverschreibungen währt.

EONIA-Satz (Euro Overnight Index Average) Ein von der Europäischen Zentralbank festgestellter effektiver Tagesgeldsatz, der als gewichteter Durchschnitt aller unbesicherten Tagesgeldausleihungen im Interbankenmarkt berechnet wird.

Exchange Traded Commodities (ETCs) Bei Exchange Traded Commodities handelt es sich um Schuldverschreibungen der Emittenten ohne Laufzeitbegrenzung, also aus rechtlicher Sicht um Zertifikate. Allerdings werden die ETCs im Gegensatz zu den normalen Open-End-Zertifikaten physisch mit den Basiswerten besichert. Die Preise der ETCs orientieren sich am Spotpreis des Basiswerts oder an den Preisen von Futurekontrakten. Anleger können mit ETCs sowohl von steigenden als auch von fallenden Kursen des Basiswerts (Short-ETCs) profitieren. Außerdem gibt es sogenannte „leveraged" (gehebelte) ETCs, die durch den impliziten Einsatz von Fremdkapital volatiler sind.

Exchange Traded Funds (ETF) Auch Indexaktien oder börsengehandelte Indexfonds genannt. Der Begriff Indexaktie ist leicht missverständlich, da es sich um einen Fonds und nicht um eine Aktie handelt. Es sind ganz normale Indexfonds mit dem Unterschied, dass Indexaktien laufend über die Börse gehandelt werden, während herkömmliche Investmentfondsanteile unmittelbar von der jeweiligen Fondsgesellschaft gekauft werden müssen. ETFs haben das Ziel, die Entwicklung eines bestimmten Index (z.B. DAX oder EURO STOXX) nachzubilden. Bei ETFs wird auf aktives Management des angelegten Geldes verzichtet. Sie sind mit an bestimmte Indizes gebundenen Indexzertifikaten vergleichbar, haben diesen gegenüber jedoch die Vorteile, dass es sich bei ihnen um ein Sondervermögen handelt und mögliche Dividenden – selbst bei Kursindizes – in das Fondsvermögen und damit schließlich an den

Anleger fließen, während Dividenden bei Zertifikaten nur dann dem Anleger zugute kommen, wenn es sich um Zertifikate auf einen Performanceindex handelt.

Festverzinsliche Wertpapiere Englisch Bond. Ein Wertpapier, das während seiner gesamten Laufzeit einen unveränderlichen Zins hat. Die Anlage in festverzinsliche Wertpapiere gilt als äußerst konservative Geldanlage, da das Zinsausfallrisiko sehr gering ist. Beispielhaft sind hier Anleihen und Pfandbriefe zu nennen. Festverzinsliche Wertpapiere dienen zur Fremdfinanzierung von Staaten, Institutionen und Unternehmen. Im Gegensatz zu Aktien, durch die der Investor Eigentumsanteile erwirbt, hat man bei festverzinslichen Wertpapieren als Geldgeber nur den Anspruch auf Zinsen und spätere Tilgung. Zahlungen für festverzinsliche Wertpapiere haben bei Emittenten obersten Vorrang, da ihre Nichterfüllung zum Konkurs führen kann, während Aktionäre generell keinen Anspruch auf eine Dividendenzahlung haben. Festverzinsliche Wertpapiere gibt es in unterschiedlichen Währungen, Zahlungs- und Tilgungsmodalitäten sowie Laufzeiten.

Fondsmanager, Fondsmanagement Diese treffen die konkreten Anlageentscheidungen bei einem aktiv gemanagten Fonds im Rahmen der Anlagebedingungen, der Anlagegrundsätze und der gesetzlichen Anlagegrenzen.

Das Fondsmanagement ist nicht frei von Fehleinschätzungen. Auch kann ein Wechsel im Management eines Fonds erhebliche Auswirkungen auf die Performance haben – im positiven wie im negativen Sinn. Dieses Risiko ist nur durch Indexfonds zu umgehen.

Futures Futures sind börsengehandelte, unbedingte Terminkontrakte. Futures unterliegen hinsichtlich ihrer Kontraktspezifikation einer strikten Standardisierung (wie Kontraktgröße, Lieferzeitpunkt und Basiswert). Ihre Erfüllung ist, im Gegensatz zu bedingten Termingeschäften, sowohl für Käufer als auch für Verkäufer unbedingt bindend.

Geld-Brief-Spanne Unterschied zwischen den gleichzeitigen Kursen, zu denen ein börsennotiertes Produkt ge- beziehungsweise verkauft werden kann (Spread).

Gesamtkostenquote Maß für die Gesamtkostenbelastung eines Fonds. Enthält sämtliche Kosten des Fonds (Managementgebühr, Depotgebühren etc.).

Index Ein Index ist eine statistische Maßzahl für die kollektive Wertentwicklung einer Gruppe von Aktien, festverzinslichen Wertpapieren oder anderen Anlagetypen mit gemeinsamen Eigenschaften. Der deutsche Aktienindex DAX zum Beispiel repräsentiert die Wertentwicklung (gemessen an der Marktkapitalisierung) der 30 größten deutschen Aktiengesellschaften.

Indexfonds Investmentfonds, die „passiv“ einen Wertpapierindex nachbilden, also keine „aktive“ Anlagestrategie wie Stock-Picking oder Markt-Timing verwenden und keinen Fondsmanager im traditionellen Sinn besitzen.
Indexfonds enthalten in der Regel alle Wertpapiere, die auch den Index bilden, in derselben Gewichtung.

Indexzertifikate Bankschuldverschreibungen, deren Ertrag nicht in Zinszahlungen besteht, sondern an die Entwicklung eines Index gebunden ist. Sie sind mit einem Indexfonds vergleichbar, haben jedoch oftmals eine begrenzte Laufzeit.

Index-Tracking Darunter versteht man das Bestreben, die Entwicklung eines Index möglichst genau nachzuvollziehen.
Dies kann entweder dadurch geschehen, dass das Fondsmanagement exakt die dem Index zugrunde liegenden Werte in seinem Vermögen hält oder aber durch den Einsatz derivativer Instrumente.

Indikativer Net Asset Value (INAV) Der zu Börsenhandelszeiten alle 15 Sekunden bestimmte und veröffentlichte indikative

Net Asset Value zeigt den ungefähren aggregierten Wert der Fondsanteile. Da es sich um einen ungefähren Wert handelt, der nicht mit der gleichen Präzision berechnet werden kann wie der NAV nach Handelsschluss, sollte er nicht als „Echtzeit"-Aktualisierung des NAV betrachtet werden.

Inhaberschuldverschreibung Festverzinsliches Wertpapier, das ein Forderungsrecht verbrieft. Der Inhaber der Anleihenurkunde erhält Zinsen und den Rücknahmekurs bei Fälligkeit der Papiere. Die Rechte werden durch Einigung und Übergabe übertragen. Der Staat oder Unternehmen begeben Schuldverschreibungen, um sich am Kapitalmarkt Finanzmittel für Investitionsvorhaben zu beschaffen.

Investmentfonds Von einer Kapitalgesellschaft verwaltetes Kapitalvermögen. Fonds unterscheiden sich hinsichtlich der verfolgten Strategie (z.B. Growth- oder Value-Strategie), der Ausschüttungspolitik (Ausschüttung versus Thesaurierung), der Konstruktionsart (offener versus geschlossener Fonds) und der Vermögensgegenstände, in die investiert wird (Aktien, Anleihen, Rohstoffe, Immobilien etc.), wobei auch Mischformen vorkommen.

ISIN (International Securities Identification Number) Der ISIN-Code hat die Wertpapierkennnummer (WKN) ersetzt.

Kassenbestand Barhaltung liquider Mittel.

Korrelation Statistische Kennzahl, die den Einfluss der Schwankung einer Variablen auf eine zweite Variable anzeigt. Eine positive Korrelation heißt, dass bei steigendem Wert der ersten Variablen auch jener der zweiten zunimmt.
Eine negative Korrelation bedeutet, dass bei steigendem Wert der ersten Variablen jener der zweiten abnimmt. Bei einer perfekten positiven Korrelation liegt der Koeffizient bei +1, bei einer perfekten negativen bei –1. Eine Korrelation von 0 liegt vor, wenn zwischen zwei Variablen kein Zusammenhang besteht.

Kursindex (auch Preisindex) In einem Kursindex werden nur Kursveränderungen erfasst, die zeigen, wie sich die Preise der in ihm enthaltenen Wertpapiere ändern. Anders der Performanceindex: In seiner Entwicklung sind sowohl die Kursveränderungen der im Index enthaltenen Wertpapiere als auch die unterjährig ausgezahlten Dividenden und andere Ausschüttungen enthalten.

Leerverkauf (Short Selling) Wenn ein Anleger Aktien auf Termin verkauft, ohne sie zu besitzen, tätigt er einen Leerverkauf. Der Investor spekuliert dabei auf fallende Kurse. Tritt dieses Szenario ein, erwirbt er die Aktien bis zum Fälligkeitstermin zu einem niedrigeren Kurs als zum ausgehandelten Verkaufspreis.

Management Fee Verwaltungsgebühr, die taggenau vom Sondervermögen abgegrenzt wird. Sie beträgt bei ETFs zwischen 0,09 und 0,75 Prozent.

Market Maker (auch Designated Sponsor) Als Market Maker werden offizielle Börsenmitglieder bezeichnet, die für bestimmte Wertpapiere, wie beispielsweise für ETFs, verbindliche Geld- und Briefkurse stellen sowie auf eigenes Risiko und eigene Rechnung selbst handeln. Sie sorgen für die nötige Marktliquidität.
Meist sind Banken oder Broker Market Maker. Die Vergütung dieser Dienstleistung besteht in der Spanne (Spread) zwischen dem An- und dem Verkaufskurs getätigter Umsätze.

Marktkapitalisierung Die Marktkapitalisierung spiegelt den aktuellen Börsenwert einer börsennotierten Firma wider. Diesen erhält man, indem man den aktuellen Aktienkurs mit der gesamten Aktienanzahl multipliziert. Dadurch unterliegt die Marktkapitalisierung ständigen Veränderungen.

Markt-Timing Markt-Timing ist eine Anlagestrategie, bei der Anleger zwischen Wertpapieren oder Fondstypen hin- und herspringen.
Dies geschieht in der Hoffnung, von verschiedenen ökonomischen und technischen Indikatoren zu profitieren, die Marktbewegungen vorhersagen sollen. Studien zeigen, dass diese Strategie auf lange Sicht nicht zum Erfolg führt.

NAV	Normalerweise wird ein ETF zu Preisen nahe am NAV (Net Asset Value) gehandelt. Der NAV wird einmal täglich vom Fondsanbieter berechnet. Er gibt den Wert des Portfolios zu einem festgelegten Zeitpunkt an. Konkret bezeichnet der Net Asset Value den Rücknahmepreis eines Fondsanteils. Er berechnet sich aus dem aktuellen Wert der enthaltenen Wertpapiere, den sonstigen Vermögensgegenständen sowie dem Barvermögen abzüglich der Verbindlichkeiten, dividiert durch die Anzahl der im Umlauf befindlichen Fondsanteile.
Open-End-Produkt (Endlosprodukt)	Ein Produkt, dessen Laufzeit nicht begrenzt ist (im Gegensatz z.B. zu Optionen oder einigen Zertifikaten). Somit besteht für den Investor kein Wiederanlagerisiko.
Paritätisch gewichtet	Ein Indextyp, bei dem die einzelnen Komponenten paritätisch gewichtet sind. Die Indexgewichtung berechnet sich, indem 100 Prozent durch die Anzahl der Indexkomponenten geteilt werden.
Performance	Synonym für Wertentwicklung oder Rendite.
Portfolio	Gesamtbestand an Wertpapieren, die ein Anleger besitzt. Als Portfolio bezeichnet man oft auch alle Wertgegenstände, die sich in einem Besitz befinden. Das sind vorrangig Wertpapiere, können aber auch Immobilien oder Grundbesitz sein.

Performanceindex (auch Total-Return-Index)

Im Gegensatz zu einem Kursindex, der nur Kursveränderungen erfasst, spiegelt ein Performanceindex sowohl die Entwicklung von Kursveränderungen der im Index enthaltenen Wertpapiere als auch die unterjährig ausgezahlten Dividenden und andere Ausschüttungen wider. Hierbei wird rechnerisch angenommen, dass diese Ausschüttungen sofort wieder in die Wertpapiere des Index reinvestiert werden.
Deshalb sollten Sie bei Ihren Investments immer Anlagen bevorzugen, die auf einen Performanceindex lauten.

Primärmarkt

Markt, auf dem neu emittierte Wertpapiere zum ersten Mal abgesetzt werden. Im Gegensatz zum Primärmarkt dient die Börse als Sekundärmarkt (Umlaufmarkt) und gewährleistet später einen funktionierenden Wertpapierhandel.

Publikumsfonds

Investmentfonds für private Anleger.
Das bedeutet: Jedermann kann sie kaufen.
Publikumsfonds sind die häufigste Art von Fonds.

Rebalancing

Der Prozess der regelmäßigen Wiederangleichung eines Portfolios an seine ursprüngliche Asset-Allokation (z.B. alle 12 oder 24 Monate). Geschieht durch Umschichtung von Kapital zwischen verschiedenen Asset-Klassen oder durch entsprechenden Zukauf der unterrepräsentierten Asset-Klasse (bevorzugte Methode).

Rentenfonds	Rentenfonds sind Investmentfonds, deren Fondsvermögen hauptsächlich aus festverzinslichen Wertpapieren besteht. Gegensatz: Aktienfonds.
Replikations-methoden	Vorgehensweise bei der Nachbildung eines Index. Dabei kann zwischen mehreren Möglichkeiten unterschieden werden: zwischen physischer Nachbildung, optimierter Nachbildung (statisch optimiert zur Verringerung der Handelsgebühren) oder derivativer mittels des Einsatzes von Swaps.
Risikofreier Zins	Der risikofreie Zinssatz beinhaltet kein Ausfallrisiko (Bonitätsrisiko), aber durchaus ein Marktrisiko (z.B. das allgemeine Zinsänderungsrisiko). Es gibt nur Näherungsgrößen für diesen Zinssatz. Die in Deutschland am meisten verwendete Näherungsgröße ist der Zinssatz für kurzfristige Verbindlichkeiten des Staats. Ersatzweise ist der Festgeldzinssatz großer Banken mit einwandfreier Bonität verwendbar, beispielsweise für dreimonatige Laufzeiten.
Securities and Exchange Commission (SEC)	1934 durch Bundesgesetz gegründete Börsenaufsichtsbehörde in den USA. Die SEC überwacht den gesamten Wertpapierhandel und achtet streng auf Verstöße gegen das Verbot von Insidergeschäften. Die SEC gilt als Vorbild für sämtliche Börsenaufsichtsbehörden weltweit.

Short Der Verkauf effektiver Waren oder Terminkontrakte, ohne diese tatsächlich zu besitzen. Bei bestehenden, offenen Short-Positionen wird auf fallende Kurse spekuliert. Die Ware muss zu einem späteren, noch nicht bekannten Preis eingekauft werden, um die Position zu decken. Liegt der Kaufpreis unter dem Verkaufspreis, entsteht ein Gewinn.
Gegensatz: Long.

Small Cap International gebräuchlicher Ausdruck für Unternehmen mit relativ geringer Marktkapitalisierung (amerikanisch: small capitalisation) beziehungsweise für deren Aktien. Es gibt verschiedene Definitionen, doch kann eine Marktkapitalisierungsobergrenze von 250 Millionen US-Dollar als allgemein akzeptiert gelten.

Sondervermögen Bezeichnung für das vom Management einer Fondsgesellschaft verwaltete Vermögen.
Das Management darf nur in solche Anlagen investieren, die im Fondsprospekt genannt und beschrieben werden. Nach deutschem Recht ist ein Investmentfonds ein Sondervermögen, das von einer Kapitalanlagegesellschaft (KAG) verwaltet und von einer von ihr unabhängigen Depotbank verwahrt wird. In einem Investmentfonds bündelt eine KAG die Gelder vieler Anleger, um sie nach dem Prinzip der Risikomischung in verschiedenen Vermögenswerten gewinnbringend anzulegen.

Entscheidend ist, dass die Anlagegelder getrennt von Eigenmitteln der Fondsgesellschaft verwahrt werden und daher im Falle einer Insolvenz der KAG sicher sind.

Sparpläne Bei Investmentfonds können Anleger automatisch einen bestimmten Betrag monatlich oder quartalsweise investieren. Dazu richten sie einen Fondssparplan ein und bestimmen das Datum der Abbuchung, die Summe und gegebenenfalls eine Dynamisierung. Sparpläne sind schon ab einer Rate von 25 Euro möglich. Bei stärker schwankenden Fonds wie Aktienfonds entfällt mit einem Sparplan auch die Frage, wann der günstigste Zeitpunkt zum Einstieg ist. Es kommt dabei zu dem Cost-Average-Effekt, der auch Durchschnittskostenmethode genannt wird.
Bei einer gleichbleibenden Sparrate werden bei höheren Kursen weniger und bei niedrigeren Kursen mehr Anteile erworben.

Spread Siehe Geld-Brief-Spanne.

Stock-Picking Aktienanlagestrategie, die darauf basiert, spezielle Werte zu erwerben, die sich besser entwickeln als der Gesamtmarkt. Nach detaillierter Analyse der Unternehmen und ihrer Gewinnentwicklung erfolgt die Auswahl.
Damit steht Stock-Picking im Gegensatz zu einer Indexing-Strategie.

Survivorship Bias (Wörtlich: Ungleichgewicht zugunsten der Überlebenden)

Fondsgesellschaften liquidieren erfolglose Fonds nach einer bestimmten Zeit. Dies führt dazu, dass die kollektive Performance aller „überlebenden" Fonds besser dargestellt wird, als tatsächlich gerechtfertigt ist, da die „Pleitefonds" laufend aus der Kalkulation herausfallen. Der Survivorship Bias verbessert die durchschnittliche Jahresrendite der aktiv gemanagten Fonds um ein bis zwei Prozentpunkte, je nach Fondssegment und betrachteter Zeitperiode.

Swap

Unter einem Swap (englisch: Tausch) versteht man in der Wirtschaft eine Abmachung zwischen zwei Vertragspartnern, in der Zukunft Zahlungsströme (Cashflows) auszutauschen. Diese definiert, wie die Zahlungen berechnet werden und wann sie fließen. Im Bereich der Exchange Traded Funds kommen vor allem Indexswaps zum Einsatz. Dabei vereinbart das Sondervermögen mit einer Investmentbank den Austausch des unterschiedlichen Wertfortschritts zwischen dem Sondervermögen und einer definierten Indexentwicklung.

TER (Total Expense Ratio)

Die Total Expense Ratio (Abkürzung: TER) oder Gesamtkostenquote ist eine Kennzahl, die Aufschluss darüber gibt, welche Kosten bei einem Investmentfonds jährlich anfallen. Die Total Expense Ratio auf Ebene des Fonds enthält die Verwaltungsgebühren, wie etwa für die

Fondsgeschäftsführung, das Portfoliomanagement, die Wirtschaftsprüfer und die Betriebskosten, sowie sonstige Gebühren, wie zum Beispiel für die Depotbank, jedoch nicht den Ausgabeaufschlag und die Transaktionskosten. Bei Aktienfonds liegt die Total Expense Ratio meist zwischen 1,0 und 2,5 Prozent. Bei Rentenfonds beträgt sie im Schnitt rund 0,8 Prozent und bei Geldmarktfonds circa 0,5 Prozent.

Thesaurierung Als Thesaurierung wird die Reinvestition von ausgeschütteten Erträgen, wie Dividenden und Zinsen, in den ETF bezeichnet.

Tracking Error Dies ist die Differenz zwischen der Rendite eines Wertpapierindex und der Nettorendite einer Indexanlage, die diesen Wertpapierindex abbildet. Der Tracking Error entspricht im Wesentlichen den Kosten, die die Performance der Indexanlage gegenüber dem Index (der keine Kosten enthält) etwas vermindern. Er liegt bei den günstigsten Indexanlagen bei etwa 0,15 Prozent und kann bis zu 0,8 Prozent ausmachen.

Total-Return-Index Ein Total-Return-Index misst nicht nur die Kursänderungen der im Index enthaltenen Werte, sondern auch die ausgezahlten Erträge der Wertpapiere unter der Prämisse der Wiederanlage. Vor allem Dividendenzahlungen wurden in den letzten Jahren immer wichtiger, da viele

Unternehmen den Aktionären eine bessere Rendite generieren, indem sie höhere Dividenden auszahlen oder Kapitalrückzahlungen durchführen.

UCITS III UCITS III sind die neuesten (bezogen auf April 2006) Bestimmungen der Europäischen Union für Anlagefonds und Verwaltungsgesellschaften, die in der EU Geschäfte tätigen. UCITS III erweitert das Portfoliomanagement und die Verwalter erhalten damit mehr Freiheit/Flexibilität. UCITS-III-Fonds können überall in der EU verkauft werden. Die Preisfeststellung muss präzise, regelmäßig und unabhängig erfolgen und die Fondspositionen müssen liquide und übertragbar sowie deren Risiko effektiv messbar sein. Es sind bereits Bestrebungen im Gange, UCITS IV einzuführen.

Underlying Basiswert, auf den sich die Wertentwicklung eines ETF bezieht. Das Underlying eines DAX-ETF ist beispielsweise der DAX-Index.

Volatilität Die Volatilität drückt die Schwankung eines Wertpapiers innerhalb eines bestimmten Zeitraums aus. Die Volatilität ist eine mathematische Größe (Standardabweichung), also ein Maß des Risikos einer Kapitalanlage (eine weitere Messgröße ist z.B. der maximal mögliche Verlust). Als Standard werden die

Schwankungen dieses Werts genommen und gemessen, wie weit sich eine Anlage in einem Monat von diesem Durchschnittswert entfernt hat. Je größer die Schwankungsbreite ist, desto volatiler und damit risikoreicher ist eine Anlage.

WKN Eine Wertpapierkennnummer besteht aus sechs Ziffern und dient der Identifizierung eines Wertpapiers. Sie wurde vom ISIN-Code abgelöst (siehe: ISIN).

Über den Autor:

Markus Jordan arbeitete als Vermögensberater sowie bei einer führenden Direktbank als Produktmanager. Er war dort unter anderem für Strukturierte Produkte verantwortlich. Danach betreute er bei einer großen deutschen Privatbank deutschlandweit unabhängige Vermögensverwalter und machte sich dann als unabhängiger Berater im Bereich Strukturierte Produkte und Exchange Traded Funds selbstständig. Zu seinen Kunden zählen Vermögensverwaltungen, Banken und Asset-Manager. Zudem gibt er die ETF-Fachpublikation *EXtra-Magazin* heraus.

CRASHKURSE

VON ANLEGERN FÜR ANLEGER

Für die Crashkurs-Reihe haben eine Vielzahl namhafter Börsenexperten zur Feder gegriffen. Ziel der Serie ist es, Anlegern verschiedene Teilgebiete des komplexen Themas Börse nahezubringen. Jeder Titel stellt eine abgeschlossene Abhandlung über die Grundlagen eines Teilbereichs der Börse dar. Dabei haben wir Wert darauf gelegt, Praktiker zu Wort kommen zu lassen. Hier schreiben also Anleger für Anleger. Die Serie wird laufend fortgesetzt. Fragen Sie im Buchhandel oder direkt bei uns nach!

Sebastian Steyer:
Crashkurs Trading
208 Seiten, broschiert
17,90 € (A: 18,40 €)
ISBN: 978-3-941493-48-3

Markus Horntrich:
Crashkurs Charttechnik
200 Seiten, broschiert
17,90 € (A: 18,40 €)
ISBN: 978-3-938350-57-7

Alexander Natter:
Crashkurs Zertifikate
200 Seiten, broschiert
17,90 € (A: 18,40 €)
ISBN: 978-3-938350-43-0

Sebastian Grebe / Sascha Grundmann / Frank Phillipps:
Crashkurs Börse
232 Seiten, broschiert
17,90 € (A: 18,40 €)
ISBN: 978-3-938350-67-6

Leon Müller:
Crashkurs Emerging Markets
214 Seiten, broschiert
17,90 € (A: 18,40 €)
ISBN: 978-3-938350-58-4

Alexander Natter:
Crashkurs Fonds
192 Seiten, broschiert
17,90 € (A: 18,40 €)
ISBN: 978-3-938350-41-6